KB260716

인생을 바꿀
시크릿노트 77가지

가치 있는
당신을
만나는 순간

인생을 바꿀 시크릿노트 77가지

가치 있는 당신을 만나는 순간

초판 1쇄 발행 | 2017년 3월 16일

지은이 | 블루문(Blue_moon)
기획편집총괄 | 호혜정
편집 | 김선우
기획 | 노미남
표지·본문 디자인 | 김민정
교정·교열 | 호혜정 노미남 김소희

펴낸곳 | 리텍 콘텐츠
출판등록 | 제 2011-000200호
주소 | 서울시 용산구 원효로 153 원효빌딩 824호
전화 | 02-2051-0311   **팩스** | 02-6280-0371
이메일 | ritec1@naver.com
홈페이지 | http://www.ritec.co.kr
페이스북 · 블로그 · 카카오스토리채널 | [책속의 처세]
ISBN | 979-11-86151-08-2

상상력과 참신한 열정 담긴 원고를 보내주세요. 책으로 만들어 드립니다.
원고투고: ritec1@naver.com

* 이 도서의 국립중앙도서관 출판예정도서목록(CIP)은 서지정보유통지원시스템
  홈페이지(http://seoji.nl.go.kr)와 국가자료공동목록시스템
  (http://www.nl.go.kr/kolisnet)에서 이용하실 수 있습니다.(CIP제어번호: CIP2017005377)

가치있는 당신을 만나는 순간 : 인생을 바꿀 시크릿노트 77가지 / 지은이: 블루문.
— 서울 : 리텍 콘텐츠, 2017   p. ;   cm

ISBN 979-11-86151-08-2 13320 : ₩15000

인생훈[人生訓]

199.1-KDC6
179.9-DDC23   CIP2017005377

인생을 바꿀
시크릿노트 77가지

가치있는 당신을 만나는 순간

블루문 펴냄

돈을 많이 벌고 싶어 했던 한 청년이 있었습니다. 이 청년은 부자(富者)로 잘 알려진 한 사람을 찾아가 "당신과 같은 부(富)의 경지에 오르고 싶습니다. 방법을 알려 주세요"라고 당돌하게 말했습니다. 그러자 그 사람은 자신과 같은 수준에 오르고 싶다면 다음날 바닷가로 다시 찾아오라고 했습니다.

다음날 바닷가에서 만난 부자는 청년을 배에 태우고 바다 깊은 곳까지 데려갔습니다. 그러더니 갑자기 청년을 사정없이 바다로 집어넣었습니다. 청년은 살기 위해 몸부림쳤지만 부자는 청년을 꺼내주기는커녕 계속해서 바다에 집어넣을 뿐이었습니다. 기절하기 직전에서야 겨우 꺼내진 청년에게 부자는 "성공하고 싶은 마음이 방금 자네가 숨을 쉬고 싶었던 만큼 간절해진다면 반드시 성공할거야"라고 말했답니다.

대부분의 사람들이 성공하고 싶다고 말합니다. 그런데 그 사람들 중 정말로 성공을 간절히 원하는 사람은 몇 명이나 될까요? 어쩌면 그들이 말하는 성공은 그저 남들에게 보여줄 수 있을 만큼만 그냥 한번 부를 가져봤으면 하는 정도일 수 있습니다.

만약 당신이 성공하고 싶다면 다른 것을 포기할 줄도 알아야 합니다. 가령 하루에 두세 시간만 자면서 최선을 다하는 노력도 필요하고요. 또 가끔은 삼일 연속으로 깨어 있어야 할 때도 있습니다. 성공하는 기회를 놓치지 않으려면 말입니다. 간절히 원한다는 것은 바로 이런 것입니다.

"노력 없이 무엇을 잘할 수 있는 사람을 천재라고 한다면, 나는 천재가 아니다. 내가 메이저리그의 탑 플레이어가 될 수 있었던 것은, 나보다 더 많이 연습한 선수가 아무도 없었기 때문이다."

—스즈키 이치로(메이저 리그 프로 야구 선수)

"나는 훈련 도중에 시계를 본 적이 단 한 번도 없다."

—마이클 조던(전 미국 프로 농구 선수)

만약 지금 이 순간 당신의 육체가 편하다면, 내리막길을 걷고 있기 때문일 수 있습니다. 물론 게으르게 사는 것이 즐거울 수 있지만 그와 함께 괴로움이 동반될 수 있습니다.

우리는 행복해지기 위해 항상 무엇인가 하고 있어야 합니다. 오늘도 하루를 무의미하게 보내고 있다면 그것은 미래의 불행에 한 걸음 더 내딛고 있는 것입니다.

당신이 낭비하고 있는 오늘은 어제 죽은 이가 간절하게 소망하던 내일일 수 있다는 말처럼 하고 싶은 일, 해야 하는 일이 있다면 당장 자리를 박차고 일어나 지금 바로, 오늘 시작하길 바랍니다.

"어제와 같은 삶을 살면서 다른 미래를 기대하는 것이야말로 정신 분열증 초기 증세다."

–앨버트 아인슈타인(물리학자)

동기부여(動機附與)나 모티베이션(motivation)이라고 하는 말은 어떤 목표를 지향하여 생각하고 행동하도록 유도하는 일을 의미합니다.

이렇듯 동기를 부여하는 것은 인간을 포함하여 동물이 행동하는 원인이 되는 것이죠. 우리들이 행동을 하는 경우, 어떠한 동기부여가 작용하고 있는 것으로 생각할 수도 있습니다. 또 그 행동의 정도가 어떤지에 따라 동기부여 크기의 차이를 생각할 수 있습니다.

사업, 삶, 성공, 목표 달성, 공포 극복을 위해서 우리는 종종 지혜로운 말에 귀를 기울이는 일이 필요합니다. 그리고 인생을 열 수 있는 열쇠가 될 말들은 우리에게 삶에 대한 동기를 부여합니다. 나만이 겪는 일이라고 좌절하고 포기하려는 분들이 있다면, 우리 모두 같은 길을 걷고 있다고, 함께 그 길을 걸어보자고 말해 주고 싶습니다.

혹은 갈림길에서 선택을 주저하는 분들에게 조금 더 나은 선택을 할 수 있도록 도움이 되었으면 합니다.

이제부터 기나긴 달리기를 시작하는 당신에게 자그마한 동기가 될 수 있는 한마디 말을 전해 드리려합니다.

"스스로에게 동기부여를 할 수 없는 사람은 다른 재능이 아무리 뛰어나다 하더라도 평범한 삶에 만족할 수밖에 없다."

"바람이 불지 않을 때 바람개비를 돌리는 방법은 내가 앞으로 달려 나가는 것이다. "

-데일 카네기(작가)

저자 블루문

차례

타인과 잘 소통하기

난 늘 혼자 있고 싶다가도

외로움에게 질 때가 진짜 많아

하루 반나절을 혼자인 탓에 굶다 든 생각,

이건 좀 아닌가?

막상, 내 친구들의 소식을 물어보기 좀 그런 게

나만 너무 업뎃이 늦어

점점 내 말투는 어색해 지고

짤막한 문자가 다인 현대식 우정

내 옆에 있는 건 일로 엮인 이들뿐

♬ 론리 하츠 클럽 & 빈지노, 「Speech 04. Relation」 중에서

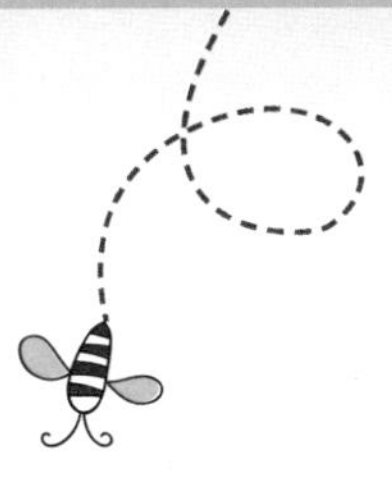

문득 소통의 부재를 느낀 적이 있지 않나요? 살다보면 역시 혼자가 편한가 싶다가도, 주위를 둘러보면 아무도 남아 있지 않은 것 같아 공허한 순간이 있습니다. 일로 엮인 관계와 그저 형식적인 대화에 지친 요즘, 진정한 소통을 하고 싶은 당신에게 들려드리고 싶은 말입니다.

#소통 #대화 #관계 #경청 #힘 있는 말

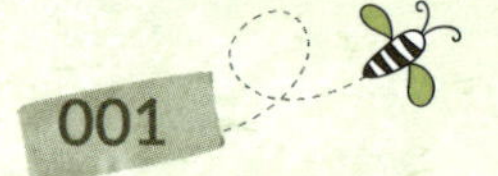

001

소통 없는 세상에서 관계를 맺는 법칙

관계(關係, relation)가 되어 있다는 건 어떤 의미일까요?

이 질문에 여러 가지 해석을 할 수 있겠지만, 무엇보다 관계란 나 아닌 다른 누군가에게 책임감을 갖는 것이 아닐까 생각합니다. 매우 많은 관계를 맺으며 그 속에 살아가는 우리는 이 관계 속에서 행복해하기도 하고 많은 고민도 합니다. 하지만 그 답을 찾기란 쉽지 않지요. 이때 소통의 법칙 몇 가지를 알아두는 건 어떨까요? 물론 법칙에 얽매인다는 위험요소가 있지만요.

• 55-38-7의 법칙

미국 캘리포니아대학교 로스앤젤레스캠퍼스(UCLA) 심리학과 명예 교수인 앨버트 메라비언(Albert Mehrabian)의 실험에 따르면 한 사람이 상대방으로부터 받는 이미지는 시각이 55%, 청각이 38%, 언어가 7%라고 합니다. 시각은 제스처, 표정, 의상, 헤어스타일 등 외적으로 보

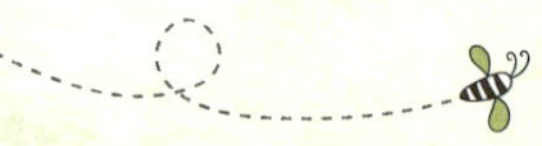

이는 부분을 말하며, 청각은 목소리의 톤이나 음색 같은 언어의 성질을 말하고, 언어는 말 그대로 말의 내용을 뜻합니다. 여기에 따른 이론이 대화에서 시각이나 청각 같은 비언어적 요소도 중요시된다는 커뮤니케이션 이론인 '메라비언의 법칙'입니다. 이는 '대화에서 언어가 차지하는 비중이 7%밖에 안 되니 말이 중요하지 않다'라기 보다는 '대화를 할 때 말 뿐 아니라 시각과 청각과 같은 비언어적 요소에도 신경을 써야 한다'는 것으로 이해하는 것이 옳습니다. 말을 할 때 언어, 청각, 시각의 3가지 정보를 일치시켜야 한다는 것이지요. 예를 들어 '고맙다'는 말을 할 때는 밝은 표정, 부드러운 목소리로 말하는 내용과 시각, 청각 이미지를 일치시킨다면 고마움이 훨씬 더 잘 전달된다는 것입니다. 반대로 딱딱하게 굳은 표정과 뻣뻣한 목소리로 백 번을 고맙다고 말해봤자 듣는 상대방이 고마움을 느끼기는 어렵겠지요.

• 123의 법칙

성공하는 대화의 법칙 중에 '123의 법칙'이라는 것이 있습니다. 이는 미국의 인간관계 처세 전문가로 유명한 데일 카네기가 말한 타인과의 관계에서 성공하는 화술의 기본 법칙 중 하나로, 한 번을 말하기 위해서는 두 번을 듣고 세 번을 맞장구치라는 뜻입니다. 대화 상대가 흥미를 가질 만한 한 번의 화제를 던지고, 두 번 이상 상대방의 말에 귀 기울여 세심하게 들으며, 세 번 이상의 리액션이나 칭찬으로 긍정적 호응의 말을 하면 쉽게 사람들의 호감을 얻을 수 있다는 것이지요. 이 법칙의 핵심은 상대방의 말을 귀 기울여 듣고 진심으로 공감하며 반응해 준다는 데 있습니다. 간단한 듯 보이지만 실천하기는 어렵지요. 말을 하다보면 자신이 원하는 말을 하는 데만 집중하기 쉽기 때문입니다. 하지만 123법칙을 따르다 보면 자연스레 잘 경청하는 모습을 보일 수밖에 없습니다. 그저 말없이 잘 듣기만 한다고 해서 되는 것도 아니며 맞장구를 치기 위해서는 잘 들을 수밖에 없는 것이지요. '말하기-듣기-호응'은 하나의 연결고리입니다. 대화를 할 때 항상 상대방의 반응을 살피며 공감을 얻기 위해 노력한다면 의외로 쉽게 커뮤니케이션의 달인이 될 수 있을 것입니다.

• 911의 법칙

'911의 법칙'은 9번을 잘했다 하더라도 1번을 실수하면 최악의 사람으로 기억될 수 있고, 9번을 못했어도 1번을 잘하면 좋은 사람으로 남을 수도 있다는 것을 뜻합니다. 인간관계에서도 한 번의 실수로 공든 탑이 무너질 수 있다는 것을 아주 잘 보여주는 법칙이라고 할 수 있습니다. 인간관계를 잘하기 위해서는 꾸준히 조심하고 주의해야 합니다. 신뢰를 쌓는 것은 시간이 많이 들고 어렵지만 깨지는 것은 한 순간이지요. 때문에 9번을 잘했으면 그 다음 10번째도 잘해야 하고, 또 그 다음 11번째도 잘해야 합니다. 조금 친해졌다고 해서 말이나 행동을 가볍게 하지 않도록 주의해야 합니다. 사람의 마음을 얻기 위해서는 장기적으로 일관된 모습을 보이며 진정성 있게 다가가는 것이 중요합니다. 특히 가까운 사람일수록 더욱 신중을 기하며 관계를 잘 유지하기 위해 노력해야 할 것입니다.

• 369의 법칙

좋은 인간관계를 갖기 위해서는 조급해하지 말고 시간을 들여 차근차근 관계를 다져나가야 한다는 것이 '369의 법칙'입니다. 이 법칙에 따르면 사람은 3번쯤은 만나야 쉽게 잊히지 않고, 6번쯤은 만나야 마음의 문이 열리며, 9번쯤은 만나야 비로소 친근감이 생긴다고 합니다. 친해지기 위해 함께 시간을 보내며 같은 기억을 공유하고 마음을 나누는 것만큼 더 쉬운 비결은 없습니다. 좋은 인연을 맺기 위해서는 성급한 마음부터 버려야 합니다. 오랜 시간 진심과 정성을 기울여 인간관계를 맺고 유지하도록 하세요. 빨리 친해지고 싶다고 상대방을 부담스럽게 하기보다 천천히 만나면서 친근감을 쌓는 것이 훨씬 더 단단한 관계를 만듭니다.

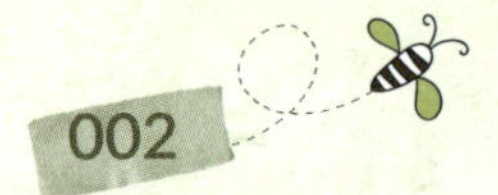

002

성공한 사람들의 5가지 커뮤니케이션 방법

성공하기 위해서는 다방면에서 무한한 노력이 필요합니다. 그 중 소통의 능력은 빼놓을 수 없겠지요.

그렇다면 성공한 사람들의 소통법은 어떨까요? 그들은 자신의 말만 하지도, 다른 사람의 말에 무관심하지도 않습니다. 또 서두르지도 다그치지도 않지요. 여러분도 다음의 성공한 사람들의 소통법을 참고하여 성공에 한 걸음 다가가 보세요.

• 경청은 최고의 말하기다

지난 2년 동안 사귀었던 친구보다 더 많은 친구를 2개월 만에 사귀는 법은 먼저 관심을 갖고 다가가 듣는 것이라고 데일 카네기가 이야기했습니다. 이 이야기의 핵심은 '경청이 최고의 말하기'라는 것입니다. 경청을 잘하는 법을 익히려면 일단 한 달 정도는 무조건 듣는 시기로 정하고 친구, 애인, 부모, 상사 등 모두의 이야기를 일단 들으세요.

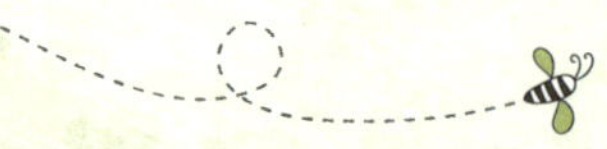

• 집중이 소통을 이끈다

클린턴 전 미국 대통령은 비서였던 르윈스키와의 섹스 스캔들 등으로 이미지를 구겼지만, 커뮤니케이션에서만큼은 따라올 사람이 없는 인물이었다고 합니다. 그에 대해 적개심을 품고 면담하던 사람조차 그와 이야기하고 난 후엔 팬으로 바뀌어 버린다고 하는 커뮤니케이션 마법. 그 비밀은 바로 온전한 경청에 있었습니다.

• 자기인식부터 점검하라

스스로 낮은 자존감과 부정적인 자아 이미지를 갖고 있진 않나요? 나 자신을 밝고 긍정적인 사람으로 인식하고 있다면 말하기도 자연히 당당하고 매력적이기 마련이지요. 하지만 오히려 과유불급이라고, 나도 모르는 사이에 넘치는 것으로 보여 상대를 불쾌하게 생각하지 않도록 주의할 필요도 있습니다.

• 매력지수 UP! 비언어 커뮤니케이션을 익힌다

매력 있다고 인정받는 셀러브리티의 모습을 자세히 살펴보면, 그들이 각자 특유의 제스처를 갖고 있다는 사실을 알 수 있을 것입니다.

이때 비언어 커뮤니케이션에는 몸짓뿐 아니라 눈빛, 이목구비 모양과 신체접촉 여부, 냄새까지 생각보다 많은 것들이 포함되지요. 연구결과에 따르면 이러한 비언어 커뮤니케이션은 언어만큼이나 자신의 이미지와 매력지수를 결정짓는 데 중요한 역할을 한다고 합니다.

오바마도 힐러리도 반기문도, 대중 앞에서 연설하는 것이 마냥 편하지만은 않았을 것입니다. 그들도 수없이 되뇌며 연습한 후 마이크 앞에 섰습니다. 마찬가지로 우리 또한 모든 상황의 말하기를 적어도 20번 이상 직접 체험하며 연습해야 합니다. 그 중 제일 중요한 것은 자신에게 맞는 말하기를 찾는 것입니다.

유명인들의 강연이나 토크쇼를 들으며 벤치마킹할 부분을 찾아보세요. 그리고 내 삶의 목적과 방식에 가장 적합한 태도와 말하기를 매일 조금씩 연습하기 바랍니다.

성공한 사람들은 어떻게 통(通)했을까?

우리는 더불어 살아가는 세상에서 살고 있습니다. 아무리 잘나고 능력이 있어도 혼자 힘으로는 성공을 이루기 어렵지요. 때문에 세계적으로 성공한 사람들은 다른 사람과의 소통을 가장 중요하게 여기며 서로 효과적으로 소통하고자 심혈을 기울였습니다.

소통(疏通)은 말 그대로 '막히는 것이 없이 잘 통한다'는 뜻입니다. 오해나 생략 없이 완벽하게 내 뜻을 전달할 수 있다면 그 뜻대로 진정한 소통을 이룰 수 있겠지요. 상대방을 향한 관심과 이해로 사람의 마음을 얻는 소통의 기술이 필요합니다. 언제나 역지사지(易地思之)의 자세로 더 많이 말하기보다 더 많이 들어주고자 노력해야 할 것입니다. 이를 바탕으로 말해 주지 않는 상대방의 마음까지 헤아려 보기 바랍니다.

• 미국의 앰뷸런스처럼 배려해라

미국의 구급차는 'AMBULANCE'란 글자를 차 옆면에는 그대로 써 놓았지만 앞쪽 범퍼에는 뒤집어서 써 놓았습니다. 이는 앞서가는 차량의 운전자가 보는 시각을 고려한 조치입니다. 앞에 가는 차들은 백미러를 통해 뒤에 오는 차들을 보기 때문에 글자를 뒤집어 놓아야 비로소 제대로 볼 수 있는 것입니다. 상대방의 입장을 우선적으로 배려하는 것을 보여주는 아주 훌륭한 예시죠. 미국의 앰뷸런스처럼 '말하는 사람'이 아닌 '듣는 사람' 중심의 소통이 기본이 되어야 합니다.

• 유재석처럼 소통하라

남녀노소 누구나가 좋아하는 국민 MC 유재석은 소통에서 타인의 배려를 첫 번째로 여깁니다. 그는 '굿 토커(good talker)'를 완성시키는 것은 바로 '굿 리스너(good listener)'가 되는 것이라며, 핵심적인 소통의 기술로 '더 많이 들어줄 것'을 강조했지요. 말을 독점하는 사람은 상대방을 배려할 줄 모르는 사람이며, 적게 말하고 많이 들을수록 자기편이 많아진다고 충고합니다.

그는 또 말을 할 때는 신중하고 또 신중해도 전혀 지나침이 없다고 강조합니다. 학교나 군대, 회사 등 많은 사람들이 관계를 맺는 사회 조직에서 '말'은 가장 큰 갈등의 원인으로 작용합니다. 무심코 뱉은 나의 말 한마디가 누군가에게는 인생을 바꿀 정도로 큰 영향을 끼칠 수 있다는 것을 항상 기억해야 할 것입니다.

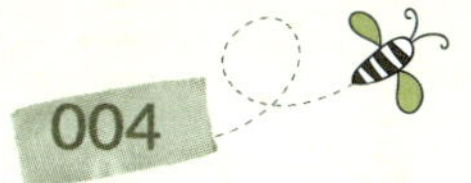

좋은 인연을 맺기 위한 11가지 비결

살아가면서 만나는 여러 인연들에게 나의 마음을 오롯이 전할 수 있다면 그보다 더 좋은 일은 없겠지요. 이러한 소통의 비결은 세상 모두가 알고 있지만 세상 누구나 할 수 있는 것은 아닙니다. 당연한 일이고 누구나 쉽게 할 수 있는 일이지만 그동안 행동으로 옮기지 못했던 분들이라면 다음의 비결을 읽고 꼭 나만의 방법으로 만들어 보세요.

• 마음을 움직이는 비결

말과 제스처를 동시에 사용한다.

최고라는 자랑은 하지 않는다.

경쟁 심리를 자극한다.

기회는 단 한번뿐임을 강조한다.

의식적으로 부탁을 한다.

양자택일을 시킨다.

상대에게 잠재되어 있는 장점을 지적한다.

자기를 객관화한다.

돌연한 침묵으로 주의를 끈다.

- **상대의 마음을 사로잡는 비결**

내용으로 승부한다.

예를 많이 든다.

화젯거리를 풍부하게 마련한다.

해 보겠다는 마음이 들도록 유도한다.

욕망에 부채질한다.

열의를 보인다.

- **기분을 살려주는 비결**

상대의 존재를 인정해 준다.

상대가 생각지 못한 것을 칭찬한다.

자아의식을 자극해 준다.

명예욕을 부추긴다.

최상급의 찬사는 하지 않는다.

특별한 칭찬임을 깨닫게 한다.

간접적으로 칭찬한다.

특권의식을 불어넣는다.

- **끌어들이는 비결**

  이야기에 막간을 둔다.

  시각에 호소한다.

  질문을 많이 한다.

  순서에 맞게 말한다.

  포인트를 강조한다.

  알기 쉬운 말과 표현을 사용한다.

  특기를 살린다.

  단계를 지어 내용을 명확히 한다.

- **부드럽게 비판하는 비결**

  위로의 말을 잊지 않는다.

  질책은 한번으로 끝낸다.

  잘못된 부분만 지적한다.

  먼저 칭찬부터 한다.

  비판은 은밀히 한다.

  자존심을 건드리지 않는다.

  분명한 대안을 제시한다.

  공개적인 비평도 때론 필요하다.

  지나친 간섭은 금물이다.

- **친근감을 주는 비결**

  질문을 많이 받는다.

  유명인과 닮았다며 칭찬한다.

  결점은 구체적으로 지적한다.

  확고한 신념을 보인다.

  잘 들어준다.

  심리를 파악한다.

  욕이 튀어나왔다면 아예 계속 퍼붓는다.

  감각적인 언어를 사용한다.

  상대의 말에 수긍한다.

  때론 악의 없는 거짓말도 하라.

- **휘어잡음의 비결**

  단순·유창하게 말한다.

  뚜렷한 이미지를 제시해 준다.

  상대가 목적하는 바 이상의 것을 말한다.

  좋은 선입관을 심어준다.

  작은 부탁부터 한다.

  나에게 유리한 단정을 내리도록 유도한다.

  말은 가급적 짧게, 그리고 요점을 말한다.

  말의 순서를 바꾸어 본다.

가치 있는 당신을 만나는 순간

- **내 편을 만드는 비결**

  가부(可否)가 아니라 어느 것인지를 묻는다.

  이익 보장을 약속한다.

  맞장구를 쳐준다.

  공동체 의식을 강조한다.

  비교급을 사용한다.

  약속의 구속력을 이용한다.

  노이로제 환자는 따뜻이 대해 준다.

  신뢰의 충동을 일으켜준다.

  상대의 습관을 화제로 삼는다.

- **웃음을 끌어내는 비결**

  조화롭게 웃긴다.

  가시 돋친 야유는 삼간다.

  공포를 웃음으로 바꿔본다.

  착오를 웃음으로 바꿔본다.

  마음의 여유를 잃지 않는다.

  미소로 호의를 보인다.

  유머를 적절히 사용한다.

  웃음 제조기가 된다.

  실수도 되풀이하면 웃길 수 있다.

- **깊은 인상을 남기는 비결**

  자세를 바로 한다.

  시선을 포착한다.

  비굴한 자세는 취하지 않는다.

  여운을 남겨둔다.

  상대가 예상치 못한 일을 한다.

  언어를 시각화한다.

  이름을 외워둔다.

- **논쟁에서 이기는 비결**

  상대의 공격에 사전 대비하라.

  설명은 승리의 열쇠이다.

  열등의식을 자극한다.

  구체적으로 말한다.

  끝맺는 말에 숫자를 이용한다.

  논쟁이 확대되지 않도록 한다.

  논쟁에서 승리해도 의연한 자세를 취한다.

-조 지라드(미국의 전설적인 마케팅 전문가)

가치 있는 당신을 만나는 순간

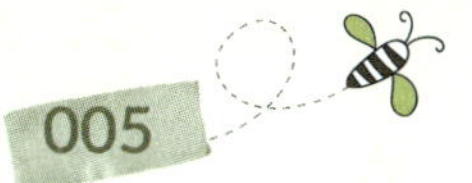

소통의 힘이 필요하다면 새겨 두어야 할 기술

사람 얼굴에 입이 왜 하나인지 생각해 본 적이 있나요?

입이 하나, 귀가 두 개 있는 이유는 말하기보다 듣기를 두 배 더하라는 뜻이라고 합니다. 다시 말해 말을 하기에 앞서 경청하고, 생각하라는 의미인데요. 나를 생각하기보다 상대를 먼저 헤아리면 그만큼 소통의 힘이 생긴다는 것입니다.

경청이 가져다주는 힘을 믿으며 한 번 더 듣고, 한 번 더 생각하고, 그 다음에 자신의 생각을 말해도 늦지 않다는 것을 기억하세요.

- 듣기는 평생 동안 받는 무료 교육과 같다. 신이 인간에게 두 개의 눈과 귀, 하나의 입을 준 데는 그만한 이유가 있다. 한번 말할 때 두 번 보고, 두 번 들으라는 뜻이다. 더군다나 듣는 데는 돈이 들지 않으니 이 얼마나 좋은가? 듣기는 평생 동안 진행되는 무료 교육 프로그램과 같다. 남의 이야기에 귀를 기울이는

노력은 언제나 보상받는다.　　　　　　　　　　　　　－알렉스 퍼거슨, 〈리딩〉 중에서

• 사람들은 기본적으로 듣기보다 말하기를 좋아한다. 그러니까
  잘 모를 때는 입을 다물고 귀를 기울이면서 다른 사람들에게
  말할 기회를 주면 된다. 사람들은 기뻐할 것이고, 나는 무엇인
  가를 배울 수 있다.　　　　　　　　　　　　　　　　－바바라 부시

• 군자는 말을 잘하는 사람의 말에만 귀를 기울이지 않고 말이
  서툰 사람의 말도 귀담아 듣는다.　　　　　　　　　　　　－공자

• 의사소통에서 제일 중요한 것은 상대방이 말하지 않은 소리를
  듣는 것이다.　　　　　　　　　　　　　　　　　　　－피터 드러커

• 의사소통을 잘하려면 시간과 인내, 그리고 기꺼이 다시 시도해
  보려는 마음이 필요하다.　　　　　　　　　　　　－마리에타 맥카티

인간관계가 원만한 사람의 18가지 특징

여러 사람이 모이다 보면 자연스레 갈등이 일어날 때가 있습니다. 물론 언제나 의견 차이가 생기는 것은 아니지만, 서로의 입장이 좁혀지지 않는 경우가 발생한다면 관계가 어색해지기 마련이지요.

그렇다면 언제나 인간관계가 원만한 사람들은 어떤 행동을 할까요? 다음의 글귀를 읽고 우리도 지구처럼 둥글게 살아갈 수 있는 사람이 되도록 하세요.

- 문제를 건설적으로 생각할 수 있다.
- 자신과 타인이 다르다는 사실을 인정한다.
- 상대방의 감정에 휘둘리지 않는다.
- 신뢰감을 바탕으로 상대방을 대한다.
- 자기 자신을 믿는다.

- 상대방의 실수나 무능력도 수용할 수 있다.

- 자신에 대한 지적을 순수하게 받아들인다.

- 상대의 말을 경청한다.

- 신뢰를 형성한 뒤에 상대방의 문제를 지적한다.

- 상대방을 조종하지 않고 자신이 바뀌려 한다.

- 수평 관계에서 커뮤니케이션을 한다.

- 상대방에 따라 전달 방법을 바꾼다.

- 자신을 과장하지 않는다.

- 공동체에 공헌하고 있음을 느낀다.

- 거절의 경계선이 명확하다.

- 다른 사람의 문제에 함부로 간섭하지 않는다.

- 감사하는 마음을 아낌없이 표현한다.

- 다른 사람을 기쁘게 해 주기 위해 신경을 쓴다.

—도다 구미, 〈아들러식 대화법〉

007

마음을 움직이는 언어터치의 기술

말을 많이 한다는 것과 잘 한다는 것은 다른 의미입니다. 물론 말을 많이 하다보면 말의 기술이 늘 수는 있지만 그것은 단순한 기술의 영역일 뿐 인간관계에 있어 소통을 이끌어낸다는 의미는 아닙니다.

또 한 마디의 말이 들어맞지 않으면 천 마디의 말을 더 해도 소용이 없습니다. 그러기에 중심이 되는 한 마디를 삼가서 해야 하지요. 사회에 속해 한 사람으로 살아가려면 소통은 그 무엇보다 중요합니다. 게다가 누군가와 소통을 하고 싶은 분이라면 더욱 필요한 일일 것입니다. 진짜소통을 원한다면 먼저 소통이 되는 사람이 되어 보세요.

• 촌철살인(寸鐵殺人)의 말일수록 미니스커트처럼 짧다

핵심을 찌르는 말일수록 군더더기가 없지요. 짧아서 매력적인 미니스커트처럼 가타부타 부연 설명 없이 날카롭게 파고드는 짧은 말 한마디가 훨씬 감동적이기 마련이지요. 역사상 세계적인 명연설로 회자된 미국 에이브러햄 링컨 대통령의 게티즈버그 연설*은 단지 282개 단어로 완성되었을 뿐이며 연설시간도 3분을 채 넘기지 않았습니다. 짧게 말하는 비결은 쉽게 말하는 것입니다. 짧고 쉬운 말일수록 귀에 쏙쏙 박힌다는 사실을 명심해야 합니다. 알맹이가 없는 긴 말을 들어줄 참을성이 있는 사람은 많지 않습니다.

• 일낙천금(一諾千金)하는 사람이 되어라

인간관계의 기본은 신용과 신뢰에 있습니다. 일낙천금(一諾千金)은 한번 한 약속은 반드시 지킨다는 말로 가장 가까운 사람들에게 반드시 지켜야 하는 핵심 덕목입니다. 공자는 '신용을 잃어버리면 설 땅이 없게 된다'고 했습니다. 평소에 겸손하고 말을 신중하게 하며 진심으로 사람을 대하면 신용은 자연히 따라오기 마련입니다.

지킬 수 없는 약속은 처음부터 하지 말고 작은 약속이라도 반드시 지키도록 노력해야 할 것입니다. 동서고금을 막론하고 사람을 얻는 진리는 '믿음'에서 옵니다.

• 잠깐의 거짓은 무게가 없고 영원한 진실은 보답을 받는다

완벽하게 거짓을 꾸며낼 순 있지만, 끝까지 거짓을 관철시킬 수는

---

* 게티즈버그 연설: 미국 남북 전쟁 중이던 1863년 11월 19일, 격전지였던 펜실베이니아 주의 게티즈버그에서 죽은 장병들을 위한 추도식에서 미국 대통령 에이브러햄 링컨이 전몰한 병사들의 영혼을 위로하며 남긴 연설이다.

없습니다. 카네기는 거짓말을 한다는 것은 진실 앞에서는 무모한 일임을 깨달아야 한다고 말했습니다. 백 장 묶음의 종이 뭉치에서 한 장을 빼내면 백 장인 것처럼 꾸밀 수는 있지만, 세어보면 반드시 진실이 드러난다는 것입니다. 한 번은 속일 수 있어도 두 번은 속이기 어려우며, 한 사람은 속일 수 있어도 두 사람은 못 속이지요.

변명과 핑계는 눈사람 같아서 오래 굴리면 그만큼 더 커질 뿐이며 문제해결의 근본적인 방법이 아닙니다. 잘못이 있다면 거짓말로 모면할 것이 아니라 그 자리에서 시인하고 사과해야 다음 기회를 가질 수 있습니다.

• "~하라"로 말하라

말하는 대로 이루어진다고 믿으세요. '긍정의 힘'은 아무리 강조해도 지나치지 않습니다. 말에도 기운이 그대로 반영되기 마련입니다. 매일 부정적인 말만 하다보면 나도 모르게 부정적인 생각에 사로잡힐 수밖에 없습니다. 긍정적으로 말하는 습관을 들이면 자연스럽게 긍정적으로 생각하게 됩니다. 날마다 긍정적인 한 마디를 하세요. 스포츠에서도 이러한 긍정 심리를 적극 활용하는 경우가 많습니다. 예를 들면 축구선수에게 "축구공을 놓치지 말라"라고 하는 것보다 "축구공을 잡아라"라고 하는 것이 훨씬 더 효과적입니다. '~하지 마라'는 부정적 표현보다 '~하라'는 긍정적 표현을 입에 익혀야 할 것입니다.

008

대화에 실패하는 이유

열심히 대화를 했는데도 찝찝하거나 이야기의 결론이 나기는커녕 다시 원점으로 돌아간 적이 있지 않나요? 귀한 시간을 들여서 서로의 생각을 나누었는데도 오히려 미완성인 기분만 드는 이유는 대화에 실패했기 때문인데요.

실패의 원인을 알면 다시는 실패를 반복할 일이 없습니다. 그동안 내가 왜 상대를 이해하지 못했는지, 또 상대가 왜 내 말을 이해해 주지 않았는지 되새겨 보세요.

- 연애나 대화나 분위기가 중요하다. 분위기 조성을 먼저 하라.
- 눈높이를 맞춰라. 코드가 맞지 않으면 쇠귀에 경 읽기다.
- 대화를 대결로 착각 말라. 대화는 일방승리가 아니라 공동승리다.
- 권투는 상대를 코너로 몰고 가야 한다. 그러나 대화는 그 반대다.
- '옳은 말'도 반복하면 지겨워진다. 방법을 바꿔 보라.

- 입에서 나오는 대로 말하지 말라. 가슴에서 나오는 말을 하라.
- 잔소리는 적개심을 만드는 언어폭력이다. 신뢰감부터 회복하라.
- 훈계하지 말라. 교장훈시가 왜 효과가 없는지부터 생각해 보라.
- 누구나 자존심이 있다. 자존심을 건드리지 말라.
- 비난 대신 비전을 보여줘라. 그래야 마음이 열린다.

- 화내면 나만 힘들다. 부드러움으로 설득력을 높여라.
- '너, 나' 등의 호칭은 거리를 만든다. '우리'라고 사용하라.
- 죄인 다루듯 하지 말라. 죄인도 인격이 있는 법이다.
- 감정을 누그러뜨리고 조용히 말하라. 분위기가 중요하다.
- 배고프면 좋은 말도 짜증난다. 밥 먹고 말하라.

- 웃으면서 말하라. 내가 웃으면 상대방도 웃는다.
- 누이 좋고 매부 좋은 전략을 사용하라. 대화는 윈-윈이다.
- 입을 떠난 말은 되돌릴 수 없다. 이유를 알고 방법을 개선하라.
- 지난 잘못을 거론 말라. 어제는 어제, 오늘은 오늘이다.
- 겁주지 말라. 고문당한다고 자백하는 것이 아니다.

—이상헌 (방송작가·칼럼니스트·시인)

009

소통에 실수하지 않기 위한 방법

입은 화의 문이고, 혀는 몸을 베는 칼이라고 합니다. 따라서 입을 닫고 혀를 깊이 간직하면 몸 편안히 가는 곳마다 튼튼하다고 하지요. 혀를 칼에 비유할 정도로 말이라는 것은 언제든지 상대를 다치게 할 수 있습니다. 눈에 보이지는 않아도 누군가를 충분히 아프게 할 수 있는 것이지요.

혹시 지금까지 살아오면서 누군가를 아프게 한 적은 없나요? 아니면 의도하지 않았는데 누군가를 아프게 한 적은 없을까요? 지금까지는 괜찮습니다. 지금부터가 중요하니까요. 내 말에 상처받는 이가 없도록, 이제부터라도 칼과 같은 말은 깊숙이 간직해 꺼내지 않도록 하세요.

• 하고 싶은 말은 산같이 쌓였어도 일단 한숨 자고 일어나면 그 말을 하지 않길 잘했다는 생각이 들곤 하는 것. 세 치 혀만큼 무서운 것이 어디 있겠어.

—곽정은

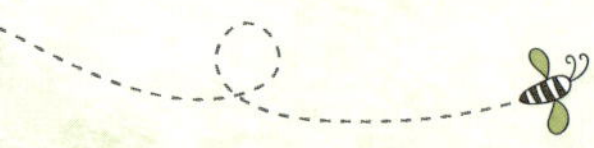

- 말이 입힌 상처는 칼이 입힌 상처보다 깊다.   -모로코 속담

- 내 뱉는 말은 상대방의 가슴속에 수십 년 동안 화살처럼 꽂혀 있다.   -롱펠로우

- 깊이 생각하라. 그리고 말하라. 그러나 사람들이 듣기 싫어하기 전에 중단하라. 인간은 언어를 가지고 있기 때문에 동물보다 고귀하다. 그러나 그 언어를 부당하게 사용한다면 인간은 짐승보다 낮은 것이다.   -시아디

- 일평생 선(善)을 행하였더라도 말 한마디의 실수로 그 선을 깨뜨리게 된다.   -공자

- 험담은 세 사람을 죽인다. 말하는 자, 험담의 대상자, 듣는 자.   -미드라시

- 사람은 단 한마디의 말로 고민하는 경우도 있고 상처받는 경우도 있다. 또 평온을 느끼거나 용기를 샘솟게 하기도 한다. 그러므로 말이 중요하다. 말조심은 다름 아닌 인간으로서 배려의 깊이다.   -이케다 다이사쿠

■ 소통의 이치를 깨닫고 얻은 성공

지금은 연매출 6억 원이 된 한 쇼핑몰 사장은 처음 1천만 원의 소자본으로 시작한 사업이 조금씩 성장하여 조그마한 쇼핑몰을 운영할 수 있었는데요. 그에게 경영이란 직원에게 지시사항을 하달하는 방식이 전부였습니다. 그러다 보니 직원들과의 소통은 부재할 수밖에 없었고, 6개월 이상 일하는 직원이 없을 정도였습니다. 그제야 자신의 경영 방침이 잘못되고 있음을 깨닫고, 직원과의 수평 관계가 쇼핑몰 운영에 큰 도움이 될 수 있다는 것을 느꼈습니다.

처음엔 직원들에게 수평적으로 다가가기 어색했지만 상명하달의 강요나 지시가 아닌 대화를 시작하자 점차 그 변화의 결과가 눈에 보이기 시작했는데요. 이전보다 일처리는 더 빨라졌고, 고객들의 불만이 급격하게 줄어들었다고 합니다.

이처럼 사회 속에서 살다보면 소통이 필요한 경우가 많습니다. 그럴 때 모두가 각자의 의견을 개진하지 못한다면 그것은 곧 소통의 부재로 이어지고, 모든 게 흔들리기 시작하는 것입니다.

인간관계 소통을 위한 자신의 계획에는 무엇이 있나요?

■ 인간관계를 위한 모리 슈워츠 교수의 수업

저서 〈모리의 마지막 수업〉으로 유명한 모리 슈워츠 교수는 자신을 사랑하는 사람, 자신을 동정할 줄 아는 사람, 자신에게 친절한 사람이 되기 위해 노력했다고 합니다. 또 자신을 가장 가까운 친구로 삼아 자신을 귀하게 여기며 자신에 대한 귀한 존경심을 통하여 타인들을 자기처럼 귀하게 여기는 방법을 배웠다고 해요.

그리고 그는 타인의 도움을 받는 것을 부끄럽게 생각하지 않았습니다. 우리가 사랑하고, 우리를 사랑하는 사람들이 기꺼이 우리를 도와주도록 하였지요. 다만, 그들이 들어 줄 수 없는 요구를 하지 않도록 조심했다고 합니다.

또 언제나 자신을 쓸모 있는 존재라고 생각했습니다. 자신을

쓸모없는 존재라고 생각하는 끝에는 우울증만이 있을 뿐이라
여겼던 그는 쓸모 있는 존재가 될 수 있는 자기 나름의 방법을
찾으려 노력했다고 합니다.

인간관계 속에서 알게 된 나의 또 다른 모습을 적어 보세요.

변화를 위한 변신이 필요해

운명 같은 만남 너무 아픈 결말

난 이 소설의 끝을 다시 써보려 해

내 한 권의 사랑 마지막 장면엔

네가 있어야 해 그래야 말이 돼

여기야, 우리가 이별한 슬픈 페이지

내 앞에서 네가 서서 울고 있어

너에게 묻고 싶어 너만 괜찮다면

난 이 소설의 끝을 다시 써보려 해

내 한 권의 사랑 마지막 장면엔

네가 있어야 해 그래야 말이 되니까

♫ 한동근, 「이 소설의 끝을 다시 써보려 해」 중에서

인생은 B(birth, 탄생)와 D(death, 죽음) 사이의 C(choice, 선택)라고 하지요. 수많은 선택의 연속은 오늘이라는 결과를 낳았습니다. 여러분에게도 다시 쓰고 싶은 삶의 순간이 있지 않나요? 과거의 나를 원망해 보기도 하고, 시간을 되돌릴 수만 있다면…… 이라는 불가능한 상상을 하기도 하지요. 누구나 품고 있을 후회라는 감정. 그 속에 갇혀 있기보다는 미래를 향해 멋지게 변신하는 건 어떨까요?

#변화 #후회 #조언 #변신 #선택 #과거 #미래

010

틱낫한 스님의 천천히 가는 삶 16계명

베트남 출신의 승려·명상가·평화운동가이자 시인인 틱낫한 스님은 불교사상의 사회적 실천을 강조하였습니다. 이 순간, 현재를 살아가는 우리들이 과거에 머무르거나 미래만을 동경하지 않으려면 힘을 빼는 연습이 필요하다고 하는데요. 가끔은 침묵하며 '나'라는 사람과 '내가 만든 욕심'의 보폭을 줄여보는 것은 어떨까요?

- 삶이란 오직 지금 이 순간, 즉 현재라는 찰나의 시간 속에만 존재한다.
- 불안한 마음에 힘을 빼앗기지 말라.
- 마음을 다해 끌어안는 게 사랑이다.
- 누군가에게 힘이 되고 싶다면 지금 이 순간 깨어 있어라.

- 숨쉬기 명상으로 습관의 힘에서 벗어나라.

- 걷기 명상으로 대지의 힘을 온몸에 실어라.

- 어디를 가는가. 모든 게 여기 있는데, 당신에게 자비와 이해, 그리고 자유가 있다면 어디를 가든 천국을 경험하게 될 것이다. 지금 이 순간 이 곳이 바로 당신의 고향이며, 물의 삶이 존재하는 곳이다.

- 감정은 감정일 뿐, 일시적인 감정에 힘을 낭비하지 말라.

- 다섯 번째 계단을 오르기 위해서는, 네 번째 계단에서 힘을 빼라.

- 통찰력과 자비심은 상대를 끌어안는 힘이다.

- 모조건 웃어라. 웃는 순간 힘이 붙는다.

- 의도하지 말고 그냥 함께 하라. 힘은 저절로 흐른다.

- 돈에 투자하는가? 행복해지고 싶다면 당신 삶에 투자하라.

- 힘은 나눌수록 커진다.

- 침묵은 어떤 말보다 강하다.

- 남을 위한다는 명분으로 자신의 욕망을 합리화하지 말라.

테레사 수녀가 들려주는 7가지 삶의 지혜

'가난한 이들의 어머니'로 불리며 가난하고 병든 사람들을 위해 평생을 바친 테레사 수녀에 대해 성인(聖人)이라는 평가에 반대하는 사람은 없을 테지요. 가난과 신앙을 깊이 고뇌한 테레사 수녀가 남긴 사랑의 말을 나눔의 행복에 무뎌진 야만의 시대에 되새겨 보세요.

- **그 사람을 존중하라** – 상대방이 어떤 사람이든 그 사람을 고유의 인격체로서 존중해 주어야 마음을 열 수 있다.

- **먼저 그 사람의 입장에 서보라** – 무엇이든 나의 마음을 전달하기 전에, 그 사람이 어떻게 받아들일까를 먼저 생각해야 한다. 그러면 그 사람이 원하는 것과 내가 주고자 하는 것을 일치시킬 수 있다.

- **관심을 지속적으로 유지하라** – 일시적인 관심은 무관심보다 더 큰 상실감을 준다. 한두 번 존중하고 배려해 주다가 참지 못해 포기하거나 관심을 꺼버리는 것은 상처만 남길 뿐이다.

- **'그 사람' 자체에 감사하라** – 그 사람이 나에게 무엇을 해 주었거나 무엇이 되어주었기 때문이 아니라, 단지 내 곁에 존재해 주었다는 이유만으로 내 삶은 더 풍부해질 수 있다.

- **그 사람을 자세히 관찰하라** – 보는 만큼 알게 되고, 아는 만큼 좋아할 수 있고, 좋아하는 만큼 배려해 줄 수 있다. 가까운 사람들의 행동을 보고 이야기를 경청하는 것으로 관찰을 실천하라.

- **자신의 아픔을 치유하라** – 자신은 누군가로부터 상처받아 있으면서 어떻게 다른 사람에게 진심으로 관심을 가지고 배려할 수 있겠는가. 행복한 사람만이 다른 사람에게도 행복을 전할 수 있다.

- **그 사람을 격려하라** – 잘한 일에 대한 칭찬에 그치지 말라. 힘들어하고 지쳐 있을 때, 실패하고 좌절하고, 실망에 빠져 있을 때, 다치고 병들었을 때, 갈등을 겪고 초조해하고 불안해할 때, 격려만이 그 난관을 극복하게 해 주는 유일한 힘이다.

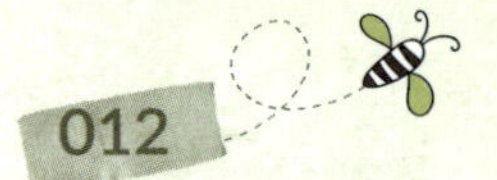

012

빌 게이츠가 사회초년생에게 들려 주는 10가지 조언

빌 게이츠는 공익과 사회봉사에 헌신함으로써 자신의 명성과 부를 사회에 환원하기를 실천하고 있습니다. 동시에 그는 미국 자본주의의 최선·최악의 측면을 동시에 보여 주는 살아 있는 상징으로 간주되는 사람이기도 합니다.

현재는 자신의 부와 통찰력에 기술에 대한 낙관적인 시각을 더해 전 세계에 기여할 수 있는 일을 하는 데 적극적으로 나서고 있는데요. 그런 그가 사회초년생에게 들려 주는 조언이 있습니다.

이제 막 사회에 발을 디딘 사람들에게 빌 게이츠의 10가지 조언이 도움이 되었으면 하는 바람입니다.

- 인생이란 원래 공평하지 못하다. 그런 현실에 대하여 불평할 생각하지 말고 받아들여라.

- 세상은 네 자신이 어떻게 생각하든 상관하지 않는다. 세상이 너희들한테 기대하는 것은 네가 스스로 만족하다고 느끼기 전에 무엇인가를 성취해서 보여줄 것을 기다리고 있다.

- 교육을 받지 않은 상태에서 연봉이 4만 달러가 될 것이라고는 상상도 하지 말라.

- 학교선생님이 까다롭다고 생각되거든 사회에 나와서 직장 상사의 진짜 까다로운 맛을 한번 느껴봐라.

- 햄버거 가게에서 일하는 것을 수치스럽게 생각하지 마라. 너희 할아버지는 그 일을 기회라고 생각하였다.

- 네 인생을 네가 망치고 있으면서 부모 탓을 하지 마라. 불평만 일삼을 것이 아니라 잘못한 것에서 교훈을 얻어라.

- 학교는 승자나 패자를 뚜렷이 가리지 않을지 모른다. 어떤 학교에서는 낙제제도를 아예 없애고 쉽게 가르치고 있다는 것을 잘 안다. 그러나 사회 현실은 이와 다르다는 것을 명심하라.

- 인생은 학기처럼 구분되어 있지도 않고 여름 방학이란 것은 아예 있지도 않다. 네가 스스로 알아서 하지 않으면 직장에서는 가르쳐주지 않는다.

- TV는 현실이 아니다. 현실에서는 커피를 마셨으면 일을 시작하는 것이 옳다.

- 공부밖에 할 줄 모르는 바보한테 잘 보여라. 사회 나온 다음에는 아마 그 바보 밑에서 일하게 될지 모른다.

013

데일 카네기의 인생지침 5가지 진리

어떻게 친구를 만들고, 사람을 얻나요?

인간관계의 처세술로 유명한 데일 카네기 또한 유년 시절에 친구와의 관계에서 숱한 좌절을 겪었다고 합니다. 그가 현재 타인과의 관계를 훌륭하게 이끌어내는 최고의 자기관리자가 된 데에는 다음과 같은 인생지침이 있습니다. 그가 제시하는 처세 철학이 지닌 최고의 장점은 바로 단순, 명료함인데요. 특히나 요즘 같은 복잡한 삶에서 접하는 많은 문제에 대해 단순하지만 삶의 진리가 되는 철학들을 제시하여 풀어나갈 수 있도록 도와주고 있습니다.

• 포기는 자기 자신과 사회에 대한 최대 범죄이다

더 이상 가능성이 없다는 식의 진단은 인간의 몫이 아닙니다. 살아 있는 한 삶은 반드시 자신의 뜻에 따라 계속되어야만 합니다. 포기하는 것 또한 선택 가능한 한 가지 길이 아닐까 하고 생각하지 마세요. 모든 포기는 자신과 자신을 둘러싼 많은 이들의 희생을 낳을 뿐입니다.

• 성공의 과정

성공에 대한 믿음은 반드시 성공을 낳는 법입니다. 사람은 누구나 성장하고 발전하기 위해 생명을 선물 받은 존재입니다. 그 반대의 경우인 악마적 존재는 소설 속에나 존재할 뿐입니다. 물론 성공의 과정은 항상 많은 어려움에 따른 좌절로 채워지게 마련이죠. 어떤 이들은 그 도중에 걸음을 멈춥니다. 그러나 여러분은 반드시 성공을 확신하기 바랍니다. 모든 것은 그로부터 시작되는 것입니다.

• 삶은 마라톤

무엇이 최선인지는 자신만이 알 수 있습니다. 산다는 것은 결국 자신과의 싸움인 것이죠. 최선을 다한 자에게 후회는 없습니다. 최선은 그 자체로 성공을 내포합니다. 그러나 최선은 피와 땀을 요구하는 측면에서 누구나 쉽게 선택할 수 있는 요령과는 구분됩니다. 삶은 마라톤입니다. 시종일관 최선을 다해야만 궁극적인 만족을 얻을 수 있는 힘든 게임이죠. 그러므로 항상 최선을 다하기 바랍니다.

• 자신을 인정하라

있는 그대로의 자신을 사랑하는 것은 신의 섭리를 따르는 겸손한 마음과도 통합니다. 자신에 대한 사랑은 또한 자신을 그렇게 사랑하고 있을 타인에 대한 사랑을 낳습니다. 그러므로 자신을 사랑하는 이들이 모여 이루어 가는 사회는 무한한 잠재력과 아름다움을 지니게 되죠. 죽는 그날까지 자신이 원하는 바를 온당한 방법으로 성취하기 위해 최선을 다해 실천하세요.

• 삶의 다양성을 이해하라

더불어 사는 삶이 아름다우며, 그것이 유일한 삶의 형태입니다. 다른 사람을 배려하는 마음은 나를 성장시킵니다. 다른 사람을 배려하는 마음은 삶의 다양성을 이해하는 것이요, 삶에 대한 최대한의 존중심을 갖는 것이죠. 따라서 다른 사람을 배려하는 마음은 나에 대한 다른 사람들의 사랑을 낳습니다. 문제는 그 시작입니다. 먼저 다른 사람을 배려하세요. 배려하는 마음, 그것이 진정한 사랑입니다.

014

주자의 후회 10가지

주자(朱子)는 인간을 이 세상의 모든 존재 가운데 가장 바르고 맑은 기운을 타고난 존재라고 했습니다. 또한 수양이 필요하다고도 했고요. 사람은 타고난 기질이 서로 달라 기질지성도 각각 다르며, 이때 성인은 기질이 아주 맑아 그 안에 깃들어 있는 본연지성이 온전히 드러나지만, 보통은 그 기질이 흐려 본연지성이 가려지기 쉽습니다. 변화에 후회하지 않으려면 끊임없는 수양이 필요합니다.

- 不孝父母, 死後悔 (불효부모 사후회)

  부모에게 효도하지 않으면, 돌아가신 뒤에 후회한다.

- 不親家族, 疎後悔 (불친가족 소후회)

  가족에게 친절히 하지 않으면, 멀어진 뒤에 후회한다.

- 少不勤學, 老後悔 (소불근학 노후회)

  젊을 때 부지런히 배우지 않으면, 늙은 뒤에 후회한다.

- 安不思難, 敗後悔 (안불사난 패후회)

  편안할 때 어려움을 생각하지 않으면, 실패한 뒤에 후회한다.

- 富不儉用, 貧後悔 (부불검용 빈후회)

  부유할 때 아껴 쓰지 않으면, 가난하게 된 뒤에 후회한다.

- 春不耕種, 秋後悔 (춘불경종 추후회)

  봄에 밭 갈고 씨 뿌리지 않으면, 가을이 된 뒤에 후회한다.

- 不治垣墻, 盜後悔 (불치원장 도후회)

  담장을 미리 고치지 않으면, 도둑맞은 뒤에 후회한다.

- 色不謹愼, 病後悔 (색불근신 병후회)

  이성을 삼가지 않으면, 병든 뒤에 후회한다.

- 醉中妄言, 醒後悔 (취중망언 성후회)

  술 취해서 망언한 것은, 술 깨고 난 뒤에 후회한다.

- 不接賓客, 去後悔 (부접빈객 거후회)

  손님을 잘 대접하지 않으면, 손님이 떠난 뒤에 후회한다.

015

변화, 그리고 성취를 위한 명언

사람이라면 누구나 살면서 한 번씩 바뀌기 마련입니다. 그 결과로 변화의 기회를 갖지요. 하지만 결과가 항상 좋은 것만은 아니기 때문에 오히려 변화를 겪지 않은 편이 나았던 사람들도 있겠지요. 따라서 변화를 좋은 방향으로 완성시키려면 반복된 노력뿐만 아니라 변화의 주체인 나의 온전한 마음이 담겨야 합니다.

- 새로운 삶은 하루아침에 시작되지 않는다. 영원한 것은 오로지 변화뿐이다.

  −헤라클레이토스

- 모든 변화와 완성에는 시간과 반복된 노력이 깃들어 있다.

  −〈마음을 다스리는 기술〉 중에서

- 늘 행복하고 지혜로운 사람이 되려면 자주 변화해야 한다. −공자

- 진정으로 당신의 삶을 바꾸고 싶거든 당신을 에워싼 것들부터
  바꿔라.
  −앤드류 매튜스

- 사람들은 향후 2년 안에 일어날 변화를 과대평가하고, 향후 10
  년 안에 일어날 변화에 대해서는 과소평가하는 경향이 있다.
  −빌 게이츠

- 당신이 변하지 않는 한, 이미 갖고 있는 것 외에는 아무것도 얻
  을 수 없다.
  −제임스 론

- 습관의 타파는 변화와 쇄신의 전제 조건으로 단순한 결정만 가
  지고서는 불가능하다. 자극, 열망, 의지가 필요하다. 위기는 이
  러한 조건을 제공하며, 변화의 유일한 원동력이다. −로버트 워터만

- Changing Place, Changing Time,
  Changing Thought, Changing Future
  −이탈리아 베네치아 '구겐하임 미술관'의 벽면 글

016

톨스토이 인생 10훈

톨스토이의 생애에 대한 평가는 사람마다 제각각인데요. 톨스토이에게서 예술과 인간 모두의 완성을 발견하는 사람이 있는가 하면, 예술가로서는 긍정하되 사상가로서는 부정하는 사람이 있습니다. 또 인격 파탄자 톨스토이를 비난하는 사람도 있고, 톨스토이는 뭔가 잘못 말할 때에 오히려 더 큰 가르침을 남겨준다는 역설적인 주장을 하는 사람도 있지요.

그럼에도 모두가 동의할 수밖에 없는 사실이 하나 있는데요. 톨스토이는 거인(巨人)인 까닭에 목소리 역시 워낙 우렁찼고, 그로 인해 역사 속에 뚜렷한 메아리를 남겼다는 점입니다.

- 일하기 위해 시간을 내십시오. 그것은 성공의 대가입니다.

- 생각하기 위해 시간을 내십시오. 그것은 능력의 근원입니다.

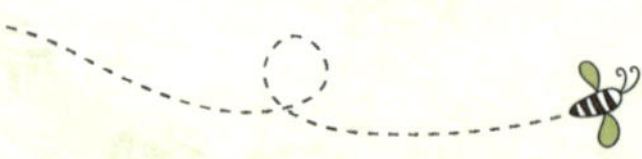

- 운동하기 위해 시간을 내십시오. 그것은 끊임없이 젊음을 유지하는 비결입니다.

- 독서하기 위해 시간을 내십시오. 그것은 지혜의 원천입니다.

- 친절하기 위해 시간을 내십시오. 그것은 행복으로 가는 길입니다.

- 꿈을 꾸기 위해 시간을 내십시오. 그것은 대망을 품는 것입니다.

- 사랑하고 사랑받는 데 시간을 내십시오. 그것은 구원받은 자의 특권입니다.

- 주위를 살펴보는 데 시간을 내십시오. 이기적으로 살기에는 너무 짧은 하루입니다.

- 웃기 위해 시간을 내십시오. 그것은 영혼의 음악입니다.

- 기도하기 위해 시간을 내십시오. 그것은 인생의 영원한 투자입니다.

017

인간의 본성을 꿰뚫은 소설가
마크 트웨인의 9가지 명언

'물 깊이 두 길'이란 뜻의 마크 트웨인(Mark Twain)이라는 필명을 사용한 소설가 사무엘 랭그혼 클레멘스(Samuel Langhorne Clemens)는 미국 현대문학의 아버지이지요. 그는 언제나 탐험하고, 꿈꾸고, 발견하기를 실천해 왔다고 전해지는데요. 그의 그런 삶이 그가 쓴 책에 고스란히 남아 있습니다. 그는 자신의 20년 후를 위해 항상 변화하려는 자세를 가졌습니다. 우리도 변화를 위해서는, 그리고 변화된 미래를 맞이하기 위해서는 그의 삶의 자세를 모방해 볼 필요가 있습니다.

- 사람은 진정한 자신의 진가를 깨닫지 못하면 스스로에게 만족할 수 없다.

- 슬픔은 혼자서 간직할 수 있다. 그러나 기쁨이 충분한 가치를 얻으려면 기쁨을 누군가와 나누어 가져야 한다.

- 어른이나 아이 할 것 없이, 어떤 물건을 몹시 탐내도록 만들려면, 그것을 손에 넣기 어려운 것으로 만들면 된다.

- 우리들의 죽음 앞에서는 장의사마저도 우리의 죽음을 슬퍼해 줄만큼 훌륭한 삶이 되도록 힘써야 한다.

- 인간은 얼굴을 붉히기도 하며, 혹은 붉힐 필요가 있는 유일한 동물이다.

- 좋은 친구와 좋은 책, 그리고 살아 있는 양심이야말로 가장 이상적인 생활이다.

- 친구의 본래 임무는 당신의 형편이 나쁠 때 당신을 편들어 주는 것이다. 당신이 옳은 곳에 있을 때는 거의 누구나 당신을 편들 것이다.

- 화가 날 때는 100까지 세라. 최악일 때는 욕설을 해라.

- 당신에게 가장 필요한 책은 당신으로 하여금 가장 많이 생각하게 하는 책이다.

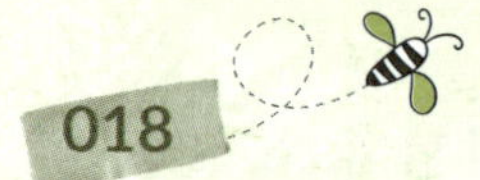

018

공자의 사람을 보는 9가지 지혜

고대 중국의 사상가이자, 오늘날까지 4대 성인 중 한 명으로 추앙을 받고 있는 공자는 오랜 세월이 지난 현재까지도 우리 삶에 힘이 되는 말을 많이 했습니다.

그 중 학사망태(學思罔殆)는 '나의 재능을 통해 배우고 생각하고, 또 생각하고 배우지 않으면 얻는 것도 없을 뿐만 아니라 삶 자체가 늘 위태롭다'는 말의 사자성어인데요. 이처럼 배우고 생각하지 않는 자에게는 미래가 없을 수 있습니다. 나의 변화를 위해서는 배우고 또 생각해야 한다는 점 잊지 마세요.

- 먼 곳에 심부름을 시켜 그 충성을 보고,

- 가까이 두고 써서 그 공경을 보고,

가치 있는 당신을 만나는 순간

• 번거로운 일을 시켜 그 재능을 보고,

• 뜻밖의 질문을 던져 그 지혜를 보고,

• 급한 약속을 하여 그 신용을 보고,

• 재물을 맡겨 그 어짊을 보고,

• 위급한 일을 알려 그 절개를 보고,

• 술에 취하게 하여 그 절도를 보며,

• 남녀를 섞여 있게 하여 그 이성에 대한 자세를 보는 것이니,

이 아홉 가지 결과를 종합해서 놓고 보면 그 사람이 어떤 사람인지 알 수 있게 되는 것이다.

■ 짐 캐리의 변화를 위한 도전!

영화배우 짐 캐리는 어려서 아버지의 실직과 죽음으로 인해 학교를 중퇴하고 극심한 생활고를 겪었습니다. 결국 그는 캐나다에서의 생활을 접고 미국으로 건너가 배우의 꿈을 키우기로 했지요.

하지만 그에게 주어지는 일은 단역 배우가 전부였습니다. 그의 생활고는 더욱 심해졌고 1990년 어느 날, 굳은 결심을 하고 할리우드로 입성했습니다. 그리고 문방구에서 산 수표첩에 스스로에게 1,000만 달러를 지급한다고 적고 서명을 했습니다. 수표지급 일자는 5년 뒤인 1995년 추수감사절이었습니다.

그렇게 그 수표를 지갑 속에 늘 넣고 다니던 짐 캐리는 1993년 영화 〈에이스 벤츄라〉로 조금씩 이름을 알리기 시작하면서 1994년 영화 〈마스크〉를 통해 마침내 할리우드 스타 반열에 올라섰습니다. 그리고 그가 수표에 적어 넣은 5년 뒤 마침내 그가 자신에게 지불하겠다는 약속을 실현할 수 있었지요. 1995년 추수감사절에 영화 〈배트맨 포에버〉의 개런티로 정확히 1,000만

달러를 받게 된 것입니다.

　그의 일화에서 볼 수 있듯, 좋은 변화를 위해서는 노력뿐 아니라 변화의 주체인 나의 주체적 행동이 필요합니다.

변화를 위해 실천해 본 오늘의 첫걸음은 무엇인가요?

■ 배우 차인표의 꾸준함이 만든 변화

　배우 차인표는 스무 살에 처음 미국에 갔는데, 영어도 못하고 돈도 없었다고 합니다. 늘 의기소침했던 그를 바꾼 것은 다름 아닌 '팔굽혀펴기'였습니다. 하루는 식당에서 아르바이트를 하고 있을 때 몸이 좋은 주방장이 부러워 그에게 비결을 물었습니다. 그러자 주방장은 시간 날 때마다 팔굽혀펴기를 하루에

1,500개만 하라고 말했습니다.

차인표에게 하루 1,500개의 팔굽혀펴기는 말도 안 되는 것이었지만, 노력 끝에 그것을 가능하게 만들 수 있었습니다. 물론 처음부터 한번에 1,500개를 하지는 못했습니다. 첫날은 10개씩 5번해서 50개를 하고, 그 다음 날 개수를 늘리고, 그렇게 50개에서 100개로, 100개에서 200개로 조금씩 늘려가면서 어느 순간 하루에 팔굽혀펴기를 1,500개를 할 수 있도록 만들었습니다.

그러면서 몸에 근육이 생기기 시작했고, 멋진 근육에 호기심을 갖는 친구들도 많이 생기며, 자신감도 생기고, 삶에도 변화가 생겼답니다.

그를 통해 알 수 있듯이 우리가 바꿔야 할 것은 생각이나 마음가짐이 아니라 진짜 실천하는 작은 행동입니다.

변화를 위해 오늘부터 시작할 수 있는 작은 행동을 적어 보세요.

습관을 바꿔 또 다른 나를 찾기

얼마나 많이 기다렸는지

너를 내게서 깨끗이 지우는 날

습관이란 게 무서운 거더군

아직도 너의 사진을 물끄러미 바라보면서

사랑해 오늘도 얘기해 믿을 수 없겠지만

안녕 이제 그만 너를 보내야지

그건 너무 어려운 얘기

참 신기한 일이야 이럴 수도 있군

너의 목소리도 모두 다 잊어버렸는데

습관이란 게 무서운 거더군

아무 생각 없이 또 전활 걸며 웃고 있나봐

♬ 롤러코스터, 「습관」 중에서

자신에게 이미 익숙해져버린 무언가에서 벗어나기란 참 쉽지 않은데요. 세 살 버릇 여든까지 간다는 속담도 있듯, 한 번 굳혀진 습관은 바꾸기 어렵고 고치기엔 분명 어느 정도의 고통이 따를 것입니다. 나를 얽매는 지독한 굴레에서 벗어나 이제는 새로운 출발을 할 때입니다.

#습관 #터닝포인트 #새로운 시작 #버릇 #새 출발

019

인생의 터닝포인트를 잡는 9가지 방법

누구나 인생에는 과도기가 있습니다. 그 과도기를 어떻게 넘기느냐에 따라 인생이 180도 달라질 수 있지요.

한 소녀는 어느 날 갑자기 병이 찾아온 후 오히려 세상을 긍정적으로 바라볼 수 있게 되었다고 하는데요. 이처럼 인생의 터닝포인트로 언제나 기쁜 일이 찾아오는 것만은 아닙니다.

단지 힘든 과도기가 찾아오더라도 그 일을 기점으로 긍정적인 생각과 습관을 갖는 것이 중요합니다.

• 과도기의 고통을 회피하지 말라

직장이나 직업에 염증을 느끼지만 대안이 떠오르지 않을 때 고통은 끔찍하다.

이 시기에는 결심과 포기 사이를 오락가락한다.

하지만 이행기, 과도기엔 흔들려도 무방하다.

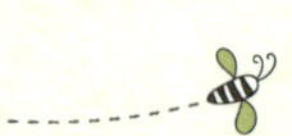

단, 성급한 결론은 내리지 마라.

• 현실과 부딪쳐야 나를 알 수 있다

행동에서 오는 피드백을 통해 자신이 느끼고 원하는 바를 알
수 있다.

자기 진단 매뉴얼이나 전통적인 커리어 관리 상담사들의 충고를
받아들이기에 앞서 자기 성찰을 시작하라.

• 단 하나의 진정한 자아가 있다는 환상을 버려라

자신이 가진 다양한 가능성을 부정하지 마라.

행동으로 여러 자아들을 시험하라.

그러면 좀 더 개발하고 싶은 자아가 떠오를 것이다.

성찰은 그 만큼 중요하다.

• 만루 홈런의 환상을 버려라

작은 성공을 거듭해 나가는 전략을 이용하라.

오랜 기간 뿌리 내린 일과 인생에 대한 기본적인 가정은 쉽게 변
하지 않는다.

실패와 후퇴 없이 전진한 사람은 없다.

반복할 때마다 새로운 교훈을 얻고 변화의 힘을 축적하라.

- **다양한 실험으로 나의 가능성을 확인하라**

  본업을 버리지 말고 겸업을 통해 진지한 실험을 하라.

  투신하겠다는 생각보단 임시직 정도로 여겨라.

  지속적으로 가진 가치관이나 선호도를 하나씩 확인해 나가라.

  실험의 경험 속에서 비교 관찰하라.

- **기존 인맥에서 벗어나 새로운 역할 모델을 찾아라**

  닮고 싶은 사람들과 이행기 동안 당신을 지원할 사람을 찾아라.

  알고 지낸 지인 중에선 찾지 마라.

  기존 인맥을 뚫고 나와야 한다.

  가지를 뻗어 새로운 역할 모델을 찾아라.

- **삶의 스토리를 매일 써라**

  매일 일어나는 일 속에서 변화의 의미를 찾도록 노력하라.

  자신의 이야기를 거듭해서 구성하며 인생에 대한 새로운 이야기를 쓰라.

  친근한 청중에서 벗어나 비평해 줄 수 있는 사람에게 이야기를 들려주라.

- **막힐 때면 잠시만 뒤로 물러나라**

  정체를 겪거나 통찰이 떠오르지 않는다면 일상에서 한 걸음 물러서라.

  시간을 갖고 변화하는 이유와 방향에 대해 생각해 보라.

  현실과의 적극적인 상호 작용과 참여를 통해 자신을 발견하라.

- **변화는 느닷없이 시작한다는 것을 기억하라**

  변화를 수용할 수 있는 시기가 있는가 하면 그렇지 못한 시기도 있다.

  기회의 창은 열렸다 다시 닫힌다.

  기회를 잘 잡아라. 열린 눈으로 매일, 매일을 맞이하라.

020

다시, 점프업(Jump up)을 위한 10가지 포인트

현실에 휘둘려 살다 보면, 가끔은 또 다른 나를 찾아 새로운 시작을 하고 싶을 때가 있지 않나요?

그렇다고 무턱대고 아무 일이나 새로 시작할 수는 없지요. 이럴 땐 무엇보다 자신이 잘할 수 있는 분야에 대한 정보가 필요합니다. 그리고 만일의 경우 일어날 수 있는 최악의 경우도 생각해 보아야 하지요. 또한 시작이란 마무리가 없다면 그 가치가 사라지는 것임을 잊지 말고 출발할 수 있도록 해야 합니다.

• 준비보다 중요한 것은 없다

새롭게 시작할 일을 정하지도 않고 현재 생활이 싫다는 이유만으로 시작해서는 절대 안 된다.

새 출발에서 실패하면 정말 회복하기 힘들기 때문이다.

기존의 생활을 접자마자 새 일을 시작할 수 있을 정도로 준비한 뒤 실행에 옮겨야 한다.

그리고 준비기간은 최소 2~3년은 잡아야 한다.

• 자신이 강한 분야로 방향을 잡아라

"유망직종 몇 가지", "초보자도 할 수 있는 뜨는 분야"라는 풍문에 귀를 기울이는 것은 가장 어리석은 행동이다.

세상에 "초보자도 할 수 있는"이란 존재하지 않는다.

자기가 할 수 있고 좋아하는 일이 가장 잘할 수 있는 일이다.

• 돈만을 목적으로 새 출발하는 것은 금물이다

새로운 인생일수록 열정이 보수, 즉 돈만큼 중요하다.

새 출발에서 가장 중요한 점이 열정이라는 것을 먼저 인식해야 한다.

그러나 돈의 중요성을 과소평가하는 것 역시 절대 피해야 한다.

철저하게 계산적인 자세가 동시에 필요하다.

• 가족의 신뢰확보가 우선이다

절대 가족이나 배우자에게 새 출발을 한다고 통보하는 방식이 되어서는 안 된다.

가족이 걸림돌 또는 극복대상이 돼서는 새 출발이 준비부터 힘들어진다.

하지만 가족이 믿고 지원해 줄 경우 그보다 더 큰 힘은 없다.

철저하게 준비하는 모습을 보여줘 믿음을 심어주는 게 새 출발의 요체다.

시간을 파악하라

준비과정에서 가장 중요하고 희소한 자원이 바로 시간이다.

시간을 별도로 내는 것이 준비의 핵심이다.

가능한 한 새벽에 시간을 내라.

저녁에 시간을 낼 수도 있지만 저녁은 다른 일로 방해받기 쉬워 지속적으로 시간 내기가 어렵다.

변화는 에너지다.

에너지는 지속될 때 가시적 성과로 구체화된다.

자기 암시를 하라

지금 준비하는 새 출발이 유일한 기회라고 스스로에게 주문을 걸어라.

새 출발에는 상징적 의미부여가 꼭 필요하다.

그런 의식적인 행위가 새 출발에 상징성을 부여해 준다.

출발시점을 확실하게 정해 과거로는 돌아가지 않는다는 자기선언을 해야 의지가 강해진다.

- **자기의 역사를 써나간다는 생각을 가져라**

  새 출발을 하면 당연히 고비가 찾아온다.

  이 고비를 잘 극복했을 때 난관은 목표를 빛내주는 에피소드가
  된다.

  난관 극복 노력이 자부심을 갖게 해 주는 요소라고 생각하고 맞
  서라.

  중요한 점은 남의 해결방식을 모방하지 말고 자기만의 방식으로
  도전하는 것이다. 그래야 개인의 역사가 된다.

- **자기 브랜드를 만들어라**

  한 분야에서 브랜드가 있냐, 없냐는 굳이 설명할 필요가 없을
  만큼 큰 차이가 난다.

  자기 브랜드를 만들어야 자신이 가격을 제시할 수 있는 위치에
  설 수 있다.

  무주지(無主地)*를 선점한다는 전략으로 자기 브랜드화에 전략
  을 집중하라.

---

* 무주지(無主地) 또는 라틴어로 테라 눌리우스(Terra nullius)라고도 하는데, "누구에게도 속하지 않은
땅"이라는 의미를 가진다.

- **최악의 경우를 먼저 상정하라**

  예상문제를 풀어도 실제 시험에서 낭패를 보기 쉽듯이 새 출발은 더욱 계획과 현실이 다르게 마련이다.

  최악의 경우를 상상했다고 해도 실제 상황은 그보다 더 나쁠 수가 있다.

  초기 2~3년 동안은 수입 자체가 없을 것을 각오하는 정도는 돼야 한다.

- **자신의 범주를 넘어서라**

  사람이 나이를 먹을수록 남에게 도움을 주는 것의 의미가 중요해진다.

  또한 남을 돕는 행위 자체가 가장 실용적이고 효과적인 의미와 가치부여 수단이 된다.

  이런 의미부여성 목표가 있으면 훨씬 자극이 되고 새 출발하는 동기를 빛내준다.

021

마시멜로 법칙 16가지

마시멜로 실험을 아시나요?

스탠퍼드 대학의 심리학자 미셸 박사는 아이들을 대상으로 마시멜로 실험을 하였습니다. 아이들에게 마시멜로 한 개를 준 뒤 15분 동안 마시멜로를 먹지 않고 참으면 마시멜로 하나를 더 준다고 하였지요. 그 결과 약 30%의 아이들이 마시멜로의 유혹을 견뎌냈다고 합니다. 박사는 15년 후 실험에 참가했던 아이들을 찾아 학업성취도를 조사하였고, 마시멜로의 유혹을 참아낸 아이들이 전반적으로 우수한 학업성취도를 보이는 것을 알아냈습니다.

이 실험으로 유혹을 잘 참는 사람일수록 무엇이든 잘해 낼 수 있다는 것을 알 수 있지요. 즉, 습관적으로 타인의 말에 휘둘리는 사람은 성과를 얻기 힘듭니다. 만약 다른 사람의 말 한마디에 쉽게 좌우되는 사람이라면 마시멜로 실험의 결과를 생각하면서 나를 다잡고 유혹을 이기도록 하세요.

- 당신의 '오늘'을 특별한 '내일'로 만들어라.

- 눈부신 유혹을 이기면 눈부신 성공을 맞이하리라.

- 남들이 가지 않는 길을 기꺼이 가라.

- 성공은 준비된 자만이 가질 수 있는 마시멜로다.

- 세상에서 가장 아름다운 유혹은 '성공'이다.

- 변화한 당신, 성공을 향해 힘찬 닻을 올려라.

- 내일의 성공을 향해 쏴라.

- 위기의 징후를 예민하게 감지하라.

- 변화에 따른 새로운 목표를 설정하라.

- 성공의 만리장성도 벽돌 한 장에서 시작된다.

- 잘못된 길을 가고 있다면 당장 방향을 바꿔야 한다.

- 세상을 바꾸려 하기 전에 스스로 변화하라.

- 기록은 당신의 행동을 지배한다.

- 목표를 가로막는 선입견을 깨뜨려라.

- 평생 지속되는 성공의 요소를 찾아라.

- 성공은 바로 한 걸음 앞에 있다.

—호아킴 데 포사다 《〈마시멜로 이야기〉 저자》

가치 있는 당신을 만나는 순간

022

불행을 피하는 6가지 습관

"한 잎 랄랄라 두 잎 랄랄라 세 잎 랄랄라 네 잎 행운을 가져다준다는 수줍은 얼굴의 미소~" 이 노래 아시나요?

네잎클로버라는 노래인데요. 행운은 꼭 네잎클로버를 찾아야만 얻을 수 있는 것이 아닙니다. 나의 습관만 바꿔도 행운을 부를 수 있지요. 그렇다면 행운을 가져다주는 습관에는 무엇이 있을까요? 다음의 6가지 습관을 보고 행운을 찾길 바랍니다.

• 불행의 책임을 남에게 돌리지 말라

자신에게 닥친 어려움이나 불행에 대해 자신의 책임을 인정하지 않는 사람들은 그들이 궁지에서 벗어나 마음 편해지기 위해 즉각 다른 사람에게 비난의 화살을 돌립니다. 물론 스스로 책임을 진다는 것은 자기 잘못과 직면하고 인정해야 하므로 결코 쉬운 일이 아니죠. 그러나 한번 남의 탓으로 돌리고 나면 책임을 떠넘기는 건 좀처럼 떨쳐버릴 수 없는 습관으로 굳어지게 될 것입니다.

• 진실만을 말하라

　상대의 환심을 사면서 진심으로 다른 사람을 칭찬하면 상대는 늘 기분 좋게 느끼고 당신에 대해서 좋은 감정을 갖게 됩니다. 어떤 사람들은 칭찬은 아부와 다름없는 것이라고, 또한 상대를 마음대로 하려는 얄팍한 술책이거나 무언가를 얻어 내려는 아첨이라고 말하기도 합니다. 그러나 칭찬과 아부에는 엄청난 차이가 있습니다. 칭찬은 진심이 뒷받침된 것이죠. 따라서 칭찬을 할 때 칭찬 그 자체 외에 다른 의도가 없다면 상대를 기분 좋게 만들 것입니다.

• 똑똑한 척 하지 마라

　똑똑한 척하는 것은 두 가지 이유에서 바람직하지도 운에 좋은 영향을 끼치지도 않습니다. 우선 똑똑한 척 행동하면 자신을 도와줄 수 있는 사람들로부터 고립됩니다. 그리고 혼자서도 잘해낼 수 있는 것처럼 보이면 사람들은 그를 도와줄 필요가 없다고 생각하게 되지요. 다시 말해 지나치게 똑똑하면 이로울 게 없는 것입니다.

• 당신이 갖고 있는 것에 대해 우선 감사하라

　당신 스스로 행운을 만들기로 마음먹었다면 먼저 지금껏 당신이 이룬 것들을 열심히 생각해 보고 그것에 감사해야 합니다. 건강, 가

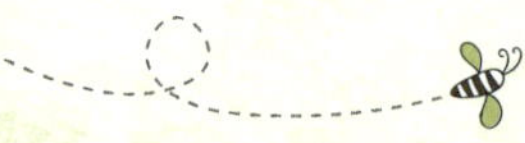

정, 가족의 사랑, 자신의 재능과 기술에 고마워한다면, 불행에 괴로워하거나 일이 뜻대로 되지 않는다고 포기하거나 실망하지 않을 것입니다. 오히려 자신에게 찾아오는 행운의 분명한 유형을 알게 되고 더 많은 행운을 만드는 데 주력하게 될 것입니다.

• 질투심을 반드시 버려라

가장 자기 파괴적인 감정은 질투심입니다. 질투를 하면 스스로 고통스러울 뿐 아니라 에너지를 쓸데없이 소모해서 실수를 하게 되고 결국엔 자신의 운과 기회를 망치게 됩니다. 질투심이 많아 보이면 당신은 결코 운 좋은 사람으로 생각되지 않습니다. 운 나쁜 사람만이 다른 사람의 행운에 배 아파하고 인색하게 구는 것이죠.

• 마음을 편히 가져라

내일은 내일의 태양이 뜹니다. 삶이 뜻한 대로 굴러가지 않을 때는 어쩌다 힘든 날뿐이라 생각하고 계속해서 앞으로 나아가야 합니다. 그렇지 않으면 아마 미쳐버릴지도 모르죠. 오늘 너무 너무 힘들다면 내일은 더 밝은 날이 기다릴 것이라고 생각해 보기 바랍니다. 당장 해결할 수 없는 문제가 한숨 자고 나서 한 발짝 물러나 보면 쉽게 풀리기도 하지요. 행운은 스스로 운이 좋다고 믿을 때 찾아옵니다.

023

새로운 습관을 몸에 익히기 위한 7가지 단계

새로운 집주인이 이사를 오기 전에 이전 주인은 짐을 정리해서 이사를 가야 하지요. 습관도 마찬가지입니다. 그동안 자리 잡고 있던 습관이 자리를 비워 주어야 새로운 습관을 몸에 익힐 수 있는데요.

그렇다고 아무런 준비기간 없이 갑자기 자리를 비워 주는 것은 오히려 다른 문제를 만드는 원인이 되기도 합니다. 본격적인 운동을 하기 전 준비 운동을 해야 하는 것처럼 새로운 습관을 익히기 전에 준비 운동을 할 수 있도록 하세요.

• 결심하라

항상 특정 방식으로 행동한다고 단단히 결심하라. 예를 들어 매일 아침 일찍 일어나 운동을 하겠다는 결심을 하면, 그 시간에 자명종 시계가 울리도록 하라.

• 예외를 인정하지 말라

새 습관의 형성기에 예외를 인정하지 말라. 핑계를 만들지 말고 합리화하지 말라. 의무를 저버리지 말라. 자동적인 습관이 될 때까지 연습을 반복하라.

• 다른 사람에게 말하라

특정한 행동 습관을 익히는 중이라고 주변 사람들에게 말하라. 결심을 밀고 나가는 당신을 지켜보는 사람이 있다고 생각할 때, 당신은 놀랄 만큼 굳은 결심으로 원칙을 지켜나간다.

• 새로운 자신을 시각화하라

마음의 눈으로 특정한 방식으로 행동하는 자신을 보라. 새 습관은 더 자주 시각화할수록, 더 빨리 무의식 속으로 들어가고 자동적인 버릇이 된다.

• 확언하라

스스로 반복해서 확언하라. 습관을 형성하는 속도를 높여줄 것이다. 예를 들어, "나는 매일 아침 6시에 일어나 일을 시작할 거야!" 라고 말할 수 있다. 자기 전에 이 말을 반복하라.

• 굳은 결심으로 밀어붙여라

결심한 일을 하지 않으면 불편함을 느낄 정도로, 새 습관이 자동적이고 쉬운 일이 될 때까지 계속 연습하라.

• 자신에게 보상하라

가장 중요한 일은 새 습관을 익히는 자신을 잘 대우하는 것이다. 스스로에게 보상을 할 때마다 행동을 재확인하고 강화하게 된다. 무의식 속에서 보상의 즐거움을 만끽하는 것이다.

-브라이언 트레이시

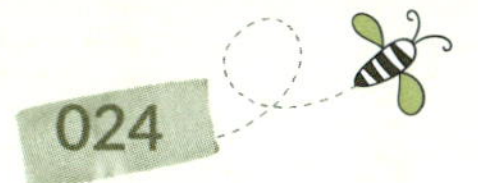

가능성에 관한 8가지 명언

생각도 습관의 한 부분입니다. 어떤 생각을 하느냐에 따라 자신의 인생이 달라질 수 있는 것이지요. 그렇기 때문에 긍정적인 생각을 습관화하면 미래가 긍정적으로 바뀌는 것은 어쩌면 당연한 일일지도 모릅니다. 긍정의 습관이 가능성을 열어줄 것임을 믿고 생각할 수 있도록 하세요.

- 끝나기 전에는 끝난 게 아니다. —요기 베라

- 나는 불가능이라는 것을 몰랐다. 나는 뛰어가서 기회를 잡고 해보았던 것이다. —월트 디즈니

- 이런 일은 도저히 불가능하다고 생각하고 시작하는 것은 그것을 제 스스로 불가능하게 만드는 것이다. —존 워너메이커

- 만일 그대가 어떤 일을 성취하기 어렵다하더라도, 그것이 인간에게 불가능하다고 생각해서는 안 된다. 오히려 무슨 일이나 인간은 할 수가 있으며, 인간성에 일치하는 것이라면, 자기도 이룰 수 있는 것이라고 생각해야 한다. —마르쿠스 아우렐리우스

- 불가능은 소심한 자의 환상이요, 비겁한 자의 도피처이다. —나폴레옹

- 실패는 유한하지만 가능성은 무한한 것이라는 가능성을 믿는 낙관적인 힘으로 인간은 발전하는 것이다. —탈무드

- 어려운 것은 즉시 해낼 수 있는 것이다. 그리고 불가능은 시간이 좀 걸릴 뿐이다. —조지 산타야나

- 자신은 할 수 없다고 생각하고 있는 동안은 사실은 그것을 하기 싫다고 다짐하고 있는 것이다. 그러므로 그것은 실행되지 않는 것이다. —스피노자

습관을 바꿔 운명을 바꾸는 방법

평소 어떤 일을 해야 한다는 것도 알고, 중요하다는 것도 알지만 실천하기까지 오래 걸리지 않나요? 그렇다면 당신은 이미 여든까지 가지고 갈 나쁜 습관을 갖고 있는 것입니다.

'세 살 버릇 여든까지 간다'는 속담처럼 한 번 길들여진 습관은 쉽게 고치기 어려운데요. 나의 삶을 조금씩 갉아먹는 습관은 후에 내 운명까지도 바꿀 수 있는 부분이니 되도록 바꿀 수 있도록 하세요.

- 습관은 최고의 하인이거나 최악의 주인이다.　　－너대니얼 에먼스

- 게으름은 지치기도 전에 쉬는 버릇에 불과하다.　　－쥘 르나르

- 실패의 99%는 습관적으로 변명하는 사람들 탓이다.

　　　　　　　　　　　　　　　　　　　　　　　　　－조지 워싱턴 카버

- 우리가 반복해서 하는 행동이 곧 우리다. 그렇게 보면 탁월함이란 행동이 아니라 습관이다.　　　　　　　　　　－아리스토텔레스

- 사람의 장점에서 큰 부분을 차지하는 것은 좋은 습관이다.
　　　　　　　　　　　　　　　　　　　　－윌리엄 페일리

- 좋은 습관은 유혹을 물리친 결과다.　　　　　　－서양 속담

- 행동은 습관을 형성하고 습관은 성격을 결정한다. 성격은 우리의 운명을 굳힌다.　　　　　　　　　　－트라이언 에드워즈

- 인생에서 두 번째 반평생은 첫 번째 반평생에서 생긴 습관으로 구성될 뿐이다.　　　　　　　　　　－표도르 도스토옙스키

- 나쁜 습관은 고치는 것보다는 막는 게 쉽다.　　－벤저민 프랭클린

026

반복과 규칙이 만들어 내는 성공

습관을 고치거나 새로운 습관을 만들려면 수많은 반복과 규칙적인 노력이 필요합니다. 연구결과에 따르면 좋은 습관을 내 몸에 고착화시키기 위해서는 평균적으로 66일간의 훈련이 필요한데요. 좋은 습관이 성공을 부른다고도 합니다.

당신은 어떤 나쁜 습관을 가지고 있나요? 습관 고치기 도전을 해 봐야 하지 않을까요? 1%만 바꿔도 인생이 달라지는 습관, 이제부터 바꿔보도록 하세요.

• 인간이란 습관들이기 나름인가보다!　　　　　　　　－윌리엄 셰익스피어

• 습관의 고리는 인식할 수 없을 정도로 너무 약해 보인다. 그러다가 끊어버릴 수 없을 정도로 막강해진다.　　　　　　　　－워런 버핏

- 습관은 습관으로 극복할 수 있다.

  　　　　　　　　　　　　　　　　　　　　-토마스 아 켐피스

- 우유부단함이 습관화되어 있는 사람보다 더 비참한 사람은 없다.

  　　　　　　　　　　　　　　　　　　　　　-윌리엄 제임스

- 산은 옮길 수 있어도 습관을 바꾸기 어렵고, 바다는 메울 수 있어도 욕심은 채우기 어렵다.

  　　　　　　　　　　　　　　　　　　　　　　-중국 속담

- 우리 세대의 가장 위대한 발견은 인간은 자신의 태도를 바꿈으로써 자신의 삶을 바꿀 수 있다는 점이다.

  　　　　　　　　　　　　　　　　　　　　　-윌리엄 제임스

- 습관이란 참으로 음흉한 여선생이다. 그것은 천천히 우리들의 내부에 그 권력을 심는다.

  　　　　　　　　　　　　　　　　　　　　　　-몽테에뉴

- 성공하고 싶은 사람들은 습관이 가진 위대한 힘의 진가를 알아야 하며 습관을 만드는 것은 훈련임을 이해해야 한다. 우선 자신을 파괴할 수 있는 습관들을 깨뜨려야 한다. 그리고 원하는 성공을 이루는 데 필요한 습관을 훈련하고 이들 훈련을 서둘러야 한다.

  　　　　　　　　　　　　　　　　　　　　　-진 폴 게티

■ 카카오 김범수 의장의 성공키워드

카카오 이사회의 기업인 김범수 의장은 언제나 다른 관점으로 세상을 바라보려 했다고 합니다. 그는 다른 사람이 생각하지 못한 방법을 찾아 하나의 사건을 여러 관점으로 바라보는 습관을 가졌지요. 또한 그는 6개월 후에는 무슨 일이 일어날까를 고민했다고 합니다. 6개월 후를 예측하고 준비할 수 있다면 남들보다 최소한 반 발자국은 앞서 나갈 수 있을 것이라는 그의 철학이 있었기 때문입니다.

더불어 그는 개방성을 잃지 않으려고 노력했습니다. 항상 다른 사람의 생각과 시각을 받아들였다고 하는데요. 특히 창업을 할 때, 사업을 할 때, 주변 사람들의 충고에 귀를 기울였다고 합니다. 또 그는 처음에는 실패할 수 있다는 가정을 했다고 해요. 처음부터 성공하는 사람은 흔치 않기 때문에 사업을 시작할 때에도 여러 번 실패할 수 있다는 것을 가정하고 준비했지요. 이처럼 그는 언제나 모든 가능성을 열고 성공을 향해 나아갔다고 합니다.

모든 가능성을 열어두는 자세를 갖기 위한 좋은 습관은 무엇이 있을 까요?

■ 알리바바 사 마윈 회장의 습관의 힘

월급 12달러를 받던 영어교사에서 중국 최고의 재벌이 된 마 윈 회장은 자신은 인생을 살기 위해, 그리고 인생을 경험하기 위해 태어난 것이라고 생각했다고 합니다. 만약 자신이 아무리 성공했다고 하더라도 자신이 여기 살기 위해 왔다는 것을 생각 하며 일만 하다가 후회할 일을 만들지 않으려고 노력했지요. 그 리고 그는 습관적으로 불평하거나 투덜대지 않았습니다.

만약 가끔씩 불만을 토로하거나 불평을 하는 것이라면 큰 문 제라고 할 수는 없지만, 그것이 습관이 된다면 술을 마시는 것 과 같게 된다고 생각했답니다. 술은 아무리 마셔도 더 큰 갈증 을 느끼게 마련이기 때문에, 그 술과 같은 나쁜 습관을 들이지

않도록 언제나 긍정적인 사고를 하였고 그것이 그를 재벌로 만들었답니다.

나의 실천 다이어리

긍정적인 습관을 위한 목표 세 가지를 적어 보세요.

한 걸음. ---

두 걸음. ---

세 걸음. ---

결정은 결단력 있게

낡은 창과 방패 굶주린 로시난테

내겐 이 모든 게 너무나도 아름다운 자태

절대 포기하면 안 돼 모든 걸 할 수 있는 바로 난데

이제 와 너와 나 그만 멈춘다면 낭패

하늘은 더없이 파래 울리자 승리의 팡파레

누구도 꺼릴 것 없이 이글거리는 저 뜨거운 태양 그 아래

uh 너와 나 함께 힘을 합해

지금이 저기 저 넓은 벌판 향해 힘껏 달려 나갈 차례

가자 지쳐 쓰러져도

가자 나를 가로막는데도

라만차의 풍차를 향해서 달려보자

언제고 떨쳐 낼 수 없는 꿈이라면

쏟아지는 폭풍을 거슬러 달리자

아무 생각 없이 또 전활 걸며 웃고 있나봐

♬ 패닉, 「로시난테」

나를 움직이게 하는 힘은 바로 나 자신에게서 나옵니다. 혹시 실패가 두려워서, 고난에 지쳐 멈추어 있지는 않나요? 이제는 마음을 다잡고 앞으로 나아가야 할 때입니다. 결단력이 필요한 당신에게 들려드리고 싶은 말입니다.

#결정 #결단력 #결심 #성공

027

성공을 결정하는 7가지 결단

미국의 32대 대통령 프랭클린 루스벨트는 "무슨 일에나 움직이지 않는 결단력만큼 기개 있는 사람을 만들어 내는 요인은 없을 것이다. 장래 큰 인물이 되기를 원하는 젊은이나 죽은 뒤 큰 인물로 인정받고 싶은 젊은이는 단순히 수많은 장애를 극복하는 결심만을 해서는 안 된다. 헤아릴 수 없는 반대와 패배를 직면해서도 그 장애를 극복해 보이려는 결심이 필요하다"고 했습니다.

그의 말에서도 알 수 있듯이 결심이라는 것은 단순히 생각만으로 해서는 안 되고, 결심한 내용이 실체를 드러낼 수 있도록 이끌어내는 것이 중요합니다. 실체가 없는 결심은 성공의 실체도 없어진다는 것 잊지 마세요!

• 책임지는 결단 – 트루먼 대통령

공은 여기서 멈춘다. 내 과거는 모두 내 책임이라고 인정하며, 내

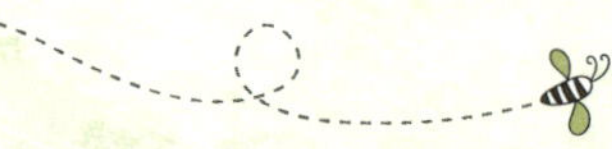

성공을 책임질 것이다. 과거의 삶이 내 운명을 좌우하지 못하도록 할 것이다. 책임지는 결단은 지금 내가 서 있는 삶의 모습을 놓고 더 이상 다른 사람과 외부 환경을 탓하지 않는 방법을 알려준다. 우리는 더 이상 남을 탓하지 않고 자기 인생길을 스스로 계획하며 우리 삶 속에서 선택한 진정한 힘을 증명하는 증거를 보여줄 것이다.

• 지혜를 구하는 결단 – 솔로몬 왕

나는 지혜를 찾아 나서겠다. 나를 옮기는 것은 내 몫의 일이다. 지혜를 구하는 결단은 책이나 사람, 봉사를 통해 소중한 조언을 발견하도록 도와준다. 우리 삶에서 영향력 있는 사람과의 관계망을 제대로 평가하고 다른 사람의 지식에서 지혜를 구하며, 봉사하는 삶에 헌신하게 된다.

• 행동하는 결단 – 체임벌린 대령

나는 행동하는 사람이다. 달리는 한 사람을 위해 많은 사람이 길에서 비켜서고, 더러는 달리는 사람의 뒤를 쫓아가기도 한다. 나는 먼저 달리는 사람이 될 것이다. 행동하는 결단은 기상나팔 소리다. 성공하는 삶을 실현하기 위해서는 일관된 행동이 무엇보다 중요하다. 대단한 성공을 이룬 사람의 업적을 보고 나면 어마어마한 규모에 놀라기도 하고 때로는 심한 좌절을 느끼기도 한다. 그러나 이러한 업적의 대부분은 결코 멈추지 않는 행동의 결과다.

- ### 확신에 찬 결단 - 콜럼버스

나는 단호한 마음을 가지고 있다. 비판, 비난, 불평은 바람 같은 것이다. 이것들은 시시한 사람이 내뱉는 쓸데없는 숨결에 따라 이리저리 흔들릴 뿐 나를 지배하지 못한다. 확신에 찬 결단을 통해 두려움과 판단의 벽을 뚫고 나아갈 수 있으며, 단호한 의지로 온 마음을 모아 우리의 꿈을 좇을 수 있다. 확고한 마음이 있으면 우리가 나아가야 할 길에 대한 확신을 가질 수 있다.

- ### 기쁨 가득한 결단 - 안네 프랑크

오늘 나는 행복한 사람이 될 것을 선택하겠다. 나의 선택이 내 삶을 만들어간다. 기쁨 가득한 결단은 오해의 소지가 많은 결단이다. 기쁨 가득한 결단은 행복이 선택이라는 사실을 입증한다. 지금 이 순간 내가 행복하지 않다면 이는 내 선택의 결과이지, 삶의 환경 때문이 아니다.

- ### 연민 가득한 결단 - 링컨 대통령

나는 매일 용서하는 마음으로 오늘 하루를 맞이하겠다. 나는 나를 부당하게 비판한 사람들도 용서하겠다. 나는 나 자신을 용서하겠다. 연민 가득한 결단은 내 마음과 영혼을 치유한다. 분노와 원한으로 가득 차 있으면 정신이 병들고, 다른 여섯 가지 결단에 따라 살아갈 능력이 떨어진다. 용서하면 영혼의 자유를 얻는다.

• 끈기 있는 결단 – 가브리엘 대천사

나는 어떠한 경우에도 물러서지 않겠다. 이성은 기껏해야 어느 정도까지만 뻗어나갈 수 있지만 믿음은 무한하게 뻗어나간다. 내일을 실현하는 데 유일하게 한계가 되는 것은 오늘 내 마음속에 품는 의심뿐이다. 물러서지 않는 결단은 위험스러울 정도로 '끝까지' 물러서지 않는 태도를 보여준다. '예외 없이' 고집스레 밀고 나가는 것이야말로 삶의 어느 영역에서든 비범한 성공을 거두는 데 가장 중요한 열쇠가 된다. 물러서지 않은 결단을 일관되게 밀고 나갈 때 무한한 성공을 거둔다.

–앤디 앤드루스, 〈폰더 씨의 위대한 하루〉 중에서

028

결정을 미루는 습관을 극복하는 11가지 방법

미래에 대한 계획만 장황하게 늘어놓고 그것을 실천으로 옮기지 않는 것은 자신이 지닌 힘을 갉아먹는 것이나 마찬가지입니다. 물론 실천 도중에 계획이 바뀔 수도 있지요. 하지만 우리는 자신이 한 말을 지키며 내 인생의 주인공은 바로 나라는 사실을 스스로에게 증명할 필요가 있습니다.

- **한 번에 많이 하려는 욕심을 버리고**
  "10분 제한 책략"을 사용하라

한자리에서 끝마치겠다는 결심은 질리게 만들고 미루게 하는 원인이 됩니다. 일단 10분 동안만 한다는 시간제한을 해 놓고 그 시간 동안은 열심히 하세요. 그다음 계속할 것인지 아닌지를 결정하세요. 이 방법은 시작하는 것이 힘든 사람에게 매우 도움이 될 것입니다.

- **완벽한 환경에 대한 환상을 버려라**

완벽한 준비, 충분한 시간, 깔끔한 주변을 기다리다 보면 에너지가 소진되어 지쳐버리거나 해야 할 다른 일이 생기거나 충분한 시간이 남아 있지 않습니다. 미진한 점이 있는 상태일지라도 해야 할 시간이 되면 일단 시작부터 하세요.

- **할 기분이 아닌 상태일지라도 시작하라**

프로이드는 "영감이 나에게 오지 않을 때 내가 그것을 만나러 다가 간다"고 하였습니다. 하고 싶을 때까지 기다린다면 그 시간은 영원히 오지 않을 수도 있습니다. 기분이 과제를 해 주지는 않습니다. 에너지 수준이 가장 높은 시간을 정하여 날마다 할 수 있도록 습관화하세요.

- **가장 중요하면서도 쉬운 것부터 하라**

일의 순서를 정하는 것도 중요한 과정입니다. 가장 중요하고 쉬운 것부터 차례대로 나열해 보세요. 남는 것으로 인한 걱정이 점점 줄어 들 것이며 남는 것의 개수가 신속하게 줄어들 것입니다.

- **할 일을 미루고 있는 전형적인 상황에서
  자신의 내면에 집중해 보라**

할 일을 미루고 있는 상황(TV보기, 담소, 낙서, 공상 등)에서 그 순간 자신의 내면을 탐색해 봅시다. 정말 해야 할 것으로 행동이 옮겨지지 않는다면 즉각 그 상황을 뿌리치지 못하는 이유를 명료하게 언어화해 보세요. 그리고 비합리적인 사고는 합리적인 사고로 바꾸어 보세요.

• 자신이 미루지 않는 사람이라 생각하라

내가 미루는 사람이 아니라면 지금 이후의 시간에 어떻게 행동하고 있을지 상상해 보세요. 마음속에 선명한 그림을 그리고 곧바로 그대로 행동하고, 평가해 보세요. 잘했습니까? 기분은 어떻습니까?

• 과제를 마친 상황을 그려보라

미루고 있는 과제가 중요하고 의미 있는 것임을 상기하며 그것을 이루었을 때를 상상하고 그때의 만족감을 느껴보세요. 그리고 기억하세요, 이 성취감은 노력하는 자만이 누릴 수 있다는 것을!

• 즐겁지 않은 과제가 시간이 지난다고 해서 더 쉬워지거나 즐거운 과제로 변하지 않는다는 것을 깨달아라

즐겁지 않은 일은 미루면 점점 더 즐겁지 않은 것이 됩니다. 하지는 않고 걱정만 할수록 점점 더 하기 싫은 과제로 변하기 마련이지요.

- **미루고 있는 자신을 비난하지 말고 용서하며
  지금 이 순간 선택할 기회를 주라**

비난받는 나는 과제를 시작할 의욕을 상실합니다. 사람은 누구나 미루는 습관을 어느 정도는 가지고 있습니다. 중요한 것은 지금이라도 시작할 수 있는가 입니다. 지금 이 순간 스스로에게 질문해 보세요. "이 과제는 내가 해야 할 필요가 있는 중요한 것인가? 그렇다면 나는 지금 이 과제를 시작하기를 선택하겠는가, 아니면 미루기를 선택하겠는가?"

- **과제는 결코 완벽할 수도, 완벽해야 할 필요도
  없다는 것을 깨달아라**

처음부터 100% 완벽한 것은 없습니다. 완벽하지 않더라도 시도를 하는 것이 전혀 안 하는 것보다 낫습니다. 우선 시작하고 보완하는 게 일을 쉽게 만들지요.

- **긍정적으로 생각하라**

과제가 그렇게 끔찍한 것만은 아님을 스스로 설득하세요. 긍정적인 나와의 대화가 도움이 됩니다. 한 번에 할 수 있을 만큼 구체적이고 현실적인 계획에 따라 하는 과제라면 충분히 감당할 수 있겠지요.

029

과감하게 결정하는 자가 얻는 결단력

어떤 높은 곳도 사람이 도달하지 못할 곳이 없습니다. 하지만 결의와 자신감을 가지고 올라가지 않으면 아무리 노력해도 오를 수 없기도 합니다. 가끔은 지나치다 싶을 정도로 과감하게 행동을 저질러 버리는 것도 좋은데요. 특히나 모든 일에 주저하다 그때를 놓친 적이 있다면 한 번쯤은 망설임 없이 결정을 내리기 바랍니다. 사랑이든 일이든, 또 그 어떤 것이든 망설이는 것만큼 어리석은 것은 없답니다.

- 세상에는 너무 지나치게 쓰면 안 되는 것이 세 가지 있다. 그것은 빵의 이스트, 소금, 망설임이다.　　　　　　　　　　　－탈무드

- 과감하게 행동하면 후환이 없다.　　　　　　　　　　　－서경(書痙)

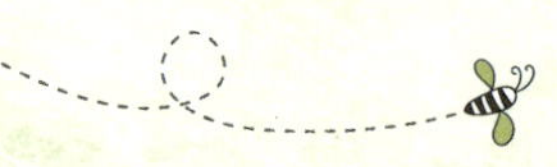

- 동요만 하고 있으면, 아무런 일도 성취하지 못한다.

-발타자르 그라시안

- 두 가지 사업을 두고 무엇을 할 것인가 망설이는 사람은 결국 아무 일도 하지 못한다.

-워즈워드

- 우리의 고민이란 어떠한 일을 시작했기 때문에 생긴다기보다는 할까 말까 망설이는 데서 더 많이 생기는 것이다. 이것도 아니고 저것도 아니라고 하여 너무 오래 생각하는 것은 문제의 해결에 조금도 도움이 되지 않는다. 어떻게 하겠다고 결심하는 것이 필요하다. 미리 실패를 두려워 할 것은 없다. 성공하고 못하고는 하늘에 맡기면 된다. 모든 일은 망설이는 것보다 불완전한 상태로 시작하는 것이 한 걸음 앞서는 것이 된다.

-서양 격언

- 성공의 문을 열기 위해서는 밀든지 당기든지 하지 않으면 안 된다.

-탈무드

030

시작과 끝을 확실히 매듭짓는 방법

지금 당장 선택을 하든 못하든 어떻게든 결론은 나옵니다. 다만 내가 관여하지 못한 결론이 나올 뿐이지요. 그런데 내 뜻을 따른 결론이 아니라면 뭔가 찝찝한 기분이 들지 않을까요?

'쇠뿔도 당긴 김에 빼라'라는 우리 속담이 있듯이 어차피 마주하게 될 결론이라면 내 선택 권한이 있을 때 결정을 하는 것도 나쁘지 않다고 생각합니다. 내 인생의 결말은 나로 인해 이루어져야 하는 일이니까요.

• 인생은 '하느냐, 안 하느냐'의 양자택일이다. 5분 동안 생각하건 1년 동안 생각하건 어느 쪽인가 결정해야 되는 건 매 한가지이다. 결단이 빠르면 그만큼 인생의 능률은 오르고 행운을 잡을 수도 있다.

—작자 미상

- 앞이나 뒤를 보고 망설이기만 하면 성공 같은 것은 바랄 수가
  없다.
                                            —주자(朱子)

- 많은 사람들이 각기 의심을 품고 결단을 내리지 못하는 것은,
  한 사람이 결단하는 것에 미치지 못한다.
                                            —유기(劉基)

- 망설이는 호랑이는 벌보다 못하다.
                                            —사마천(司馬遷)

- 일이란 빨리 결단해야 한다. 오 리(五里)를 걷는 동안 일을 결단
  할 수 있는 자는 왕이 될 수 있는 자다. 구 리(九里)를 걷는 동안
  에 결단할 수 있는 자는 왕은 될 수 없지만 강한 자임에는 틀림
  이 없다. 일을 결정하는 데 우물쭈물 날짜를 보내고 있다면 정
  치가 정체되기 때문에 나라가 깎이는 결과가 된다.   —묵자(墨子)

- 잠재의식의 번뜩임이 당신에게 무엇을 해야 할 것인가를 가르쳐
  주면 의심하는 마음을 버리고 당장 행동을 개시한다. 반드시
  영감(inspiration)의 힘을 믿고, 그 중요성을 이해해 두라. 때가 되
  기를 기다리겠다는 생각은 실패로 이끌 뿐이다.   —작자 미상

결정의 원칙 12가지

동양 명언 중에 '어제 맨 끈은 오늘 허술해지기 쉽고, 내일은 풀어지기 쉽다'는 말이 있습니다. 사람도 이 끈과 다를 게 없다고 합니다. 결심한 바를 나날이 여미어야만 오늘이 탄탄해지고, 내일은 더욱 견고해질 수 있지요. 하지만 이 끈을 다잡는 것은 다른 누구도 아닌 바로 우리의 몫입니다. 혹여 끈을 풀어야 할 때가 있더라도 내가 아닌 다른 누군가가 풀지 않도록 언제나 자신을 위한 결정은 스스로가 할 수 있도록 하세요.

- 우리가 좌지우지할 수 없는 결정도 있습니다. 비가 오는 것, 첫눈에 반하는 것, 풀이 자라는 것 등은 우리가 결정할 수 있는 사안이 아니지요. 그런 일들은 그냥 주어진 것으로 받아들여야 하며, 그것에 적절히 대처하기 위한 결정만이 필요할 따름입니다.

- 결정을 내리지 못하는 사람은 다른 사람의 결정에 따라야만 합니다. 주체적인 삶을 살고 싶으면 스스로 결정해야 합니다. 그렇지 않으면 다른 사람들의 결정에 따라야 할 뿐만 아니라 그 결정에 의해 사정없이 휘둘리게 될 것입니다.

- 두 가지 결정 방향에서 한쪽을 선택한다는 것은 다른 하나를 포기한다는 의미입니다. 한쪽으로 결정하는 순간 종종 다른 쪽의 가능성은 사라지게 되지요. 두 가지 다 보완하는 완벽한 선택은 없습니다. 그러나 더 나은 선택은 분명히 있기 마련입니다.

- 이성이 계속 생각하는 동안 감정은 벌써 오래 전에 결정을 내린 상태입니다. 마음이 끌리는 대로 결정하는 편이 나을 때가 많습니다. 때론 그 길이 더 힘든 것처럼 보여도 말이죠. 불편한 길은 종종 예기치 않은 놀라운 일들을 예비하며, 마지막에는 생각지도 못한 커다란 유익을 선사합니다.

- 새로운 길을 가겠다는 결정은 불편을 초래하는 경우가 많습니다. 결정을 하는 데는 용기와 행동력이 필요합니다. 결과를 누리고 새로운 일에 부응하기 위해서는 옛 습관을 버리고 불필요한 짐을 확 줄여야 하겠습니다.

- 자신이 원하지 않는 것을 아는 것이 결정의 첫걸음입니다. '이것만은 아니야', '난 결코 그걸 원하지 않아'라는 명확한 거부는 명확한 결정을 하는 데 큰 도움을 줍니다.

- 놓쳐 버린 기회 같은 것은 없습니다. 내리지 않은 결정만이 있을 뿐. 오랜 소망을 이루기에 너무 늦은 시간은 없습니다. 우리는 결정을 통해 매 시간 자신의 삶을 스스로 형상화해 나갈 수 있습니다.

- 마지못해 결정을 내리지는 않겠다는 것도 결정입니다. 곧장 결정하지 않아도 되는 성숙과정이 필요한 일들이 있는 법입니다. 결정을 내리기에 앞서 다양한 대안을 모색해 보는 것도 거기에 속합니다. 결정을 내리지 않는 것도 일종의 결정입니다.

- 잘못된 결정은 없습니다. 기껏해야 목표로 가는 길에 약간의 우회를 감수해야 할 따름입니다. 결과에 대한 두려움 때문에 결정을 내리지 않는 일은 없어야 하겠습니다. 나중에 바람직하지 않은 것으로 드러나는 결정이라도 결정은 그 자체로 가치가 있습니다. 그런 결정을 통해 새로운 경험을 하게 되고, 그런 경험들은 다음번 결정을 내리는 데 도움이 될 것입니다.

- 결정이 초래하는 결과를 눈으로 그려보세요. 자신에게 감정을 이입하여 결정을 통해 자신이 어떤 새로운 경험을 하게 될지 상상해 보세요. 결론을 내리기 한층 쉬울 것입니다.

- 모두에게 좋은 결정을 내릴 수는 없습니다. 하지만 자신에게 좋은 결정을 내릴 수는 있습니다. 각자 스스로 결정하여 자신의 길을 가야 하겠습니다. 왕왕 다른 사람들에게는 못마땅한 결정이 될지라도 말입니다.

- 결과에 대한 두려움을 극복하는 사람만이 결정을 내릴 수 있습니다. 미지의 것과 변화에의 두려움은 결정을 할 수 없게 만들죠. 그러나 이런 두려움을 극복하는 사람은 새로운 가능성으로 충만한, 변화무쌍하고 흥미로운 삶을 누릴 수 있을 것입니다.

—리타 폴레, 〈최고의 결정〉 중에서

과감한 결정을 위한 명언

하고자 하는 것이 있으면 완벽하게 해내고, 할 수 없다고 여겨지는 것에 대해서는 역시나 빠르게 그만 둘 수 있는 결단력이 필요합니다.

간혹 할 수 없는 일임에도 다른 사람에게 기회마저 주어지지 않도록 붙잡고 있거나 이도저도 아닌 행동으로 주위에 피해를 주는 사람들이 있습니다. 이는 여러 사람들뿐만 아니라 자신에게도 도움이 되는 일이 아니지요.

포기하라는 말이 아닙니다. 다른 방법을 모색하라는 것이지요. 시간을 낭비하지 말고 다른 길을 찾아서 다시 도전하는 것이 맞습니다. 그 길이 맞으면 무조건 나아가고, 아니라고 생각이 들었을 때는 과감하게 결정을 내려야 합니다.

만일 아무것도 쉽게 결정을 내리지 못한다면 평생 오해를 받고 오해를 사고 피곤한 인생을 살 수도 있습니다.

- 결단하여 해야 할 일은 실행하겠다고 결심하라. 결심한 것은 반드시 실행하라.

  –벤저민 프랭클린

- 굳은 결심은 가장 유용한 지식이다.

  –나폴레옹

- 그대의 길을 가라. 남들이 무엇이라 하던 내버려 두어라.　–단테

- 날지 않으면 아무 일 없으나 한 번 날면 하늘까지 닿는다. 울지 않으면 아무 일 없으나 한 번 울면 세인을 놀라게 한다.

  –사기(史記)

- 많은 사람이 재능의 부족보다 결심의 부족으로 실패한다.

  –빌리 선데이

- 모든 결정사항에 대해서는 다시 한 번 음미하라. 재고(再考)하는 것은 이득이 되면 되었지 손해는 되지 않는다.　–발타자르 그라시안

■ 피에르 가르뎅의 결정과 믿음이 일궈낸 성공

이탈리아의 한 청년에게는 독특한 버릇이 있었습니다. 그것은 바로 '동전 던지기'였는데요. 그의 앞에는 "파리의 적십자사로 전근을 가느냐, 디자이너 가게에서 일하느냐"의 두 가지 선택의 길이 있었습니다. 그는 동전을 던져 앞면이 나오면 디자이너 숍으로 가서 일을 하고, 뒷면이 나오면 적십자사로 전근을 가기로 마음먹었습니다. 결과는 동전의 앞면이었고, 그는 디자이너 숍으로 갔습니다.

이렇게 해서 패션계에 진입하였고, 재능을 인정받아 당대 최고의 디자이너 크리스챤 디올 밑에서 일을 할 수 있었지요. 하지만 디올이 죽고 후계자로 지명된 그는 또 다시 동전을 던집니다. "회사에 남아 디올의 뒤를 이을 것인가, 나의 이름을 단 가게를 낼 것인가?"

결국 독립을 택한 그는 자신의 이름을 내건 브랜드를 만들었는데, 그 브랜드가 바로 '피에르 가르뎅'입니다. 하지만 원하는 삶을 살아온 그에게 운이 좋다고 말하는 사람한테 그는 이 모든 게 운이 아니었음을 말했습니다.

사실 그는 이미 결정을 한 후 믿음을 갖고 밀고 나갔던 것이지요. 다시 말해 스스로 결정을 한 후 자신의 결정에 확신을 갖고 추진했기 때문에 지금 그의 성공이 있었습니다.

결심을 다지기 위해 할 수 있는 일은 무엇이 있나요?

■ 김연아 선수의 마지막 1도

전 국가대표 피겨 스케이팅 선수인 김연아는 훈련을 하다보면 늘 한계가 찾아왔다고 합니다. 어느 땐 근육이 터져버릴 것 같고, 어느 땐 숨이 목 끝까지 차오르며, 또 어느 땐 주저앉고 싶은 순간이었다고 해요. 이런 순간이 오면 가슴속에서 "이만하면 됐어, 충분해, 다음에 하자"라고 말을 걸어왔다고 합니다.

하지만 그녀는 이런 유혹에 포기하고 싶을 때마다 지금 포기한다면 안 한 것과 다를 게 없다는 생각을 하며 마음을 다잡았다고 해요. 99도까지 온도를 열심히 올려놓아도 마지막 1도를 올리지 못한다면 물은 끓지 않는다고 생각한 것이죠. 물을 끓이는 마지막 1도. 그녀는 언제나 포기하고 싶은 그 마지막 1도를 참아냈답니다.

후회하지 않을 결정을 하기 위해 당신이 참은 1도는 무엇이 있나요?

자신감은 나에게 주는 선물

흙먼지가 날리고 비바람이 불어와

뼈 속까지 아픈데 난 이를 악문다

아등바등 거리는 나의 삶을 위해서

내 맘둘 곳 찾아서 난 길을 떠난다

나는 돌멩이 이리 치이고 저리 치여도

굴러가다 보면 좋은날 오겠지

내 꿈을 찾아서 내 사랑 찾아서

나는 자유로운 새처럼

마음껏 하늘을 날고 싶어

굴러 난 굴러간다

내 몸이 부서져 한줌의 흙이 되도

굴러 난 굴러간다

내 사랑 찾아서 내 꿈을 찾아서

♬ 마시따 밴드, 「돌멩이」

이 세상에서 나란 존재가 하찮고 작게만 여겨질 때가 있지요. 아무것도 해낼 수 없을 것만 같은 기분에 움츠려 들 땐, '나는 할 수 있다!'라고 크게 외쳐 보세요. 비록 지금은 이리저리 치이고 굴러다니는 돌멩이 같은 신세지만, 당신은 그 누구보다 단단하고 당당하답니다. 밑도 끝도 없는 근거 없는 자신감이라도 좋으니 나를 믿고 자신감 있게 앞으로 나아가세요.

#자신감 #위로 #힘 #근자감 #자존감 #당당

033

자신감을 높이는 4가지 방법

세상을 살아가면서 가장 큰 적은 '자만'이라고 하지요. 그러나 이러한 자만보다 더 멀리해야 하는 것은 바로 자기 학대입니다. 물론 스스로에게 엄격하고 남에게 관대한 것도, 남에게 엄격하고 스스로에게 관대한 것도 모두 지양해야 할 태도이지만, 자기만족에 심취해 있거나 자기 학대만을 일삼는 것도 지양해야 하는 태도입니다. 그동안 자기 학대를 했던 분이라면 이제부터는 그 누구도 지켜주지 않는 내 자신을 '격려'해 보세요.

• 자신감

자신감은 무엇일까요? 자신감은 "자신을 믿는 느낌"입니다. 자신을 믿기 위해서는 자신과의 신용이 중요하지요. 여기에서 신용이란 "약속"이며, 자신과의 약속을 잘 지켜야 합니다. 약속을 지키는 쉬운 방법은 지킬 수 있는 약속을 하고, 약속을 잘 만들지 않는 것입니다. 과도한 목표도 좋지만 자신이 오늘 지킬 수 있는 간단한 약속부터 시작해 봅시다!

• 자존감

자존감은 무엇일까요? 자존감은 "자신을 존경하는 느낌"입니다. 자신을 존경하기 위해서는 무엇이 필요할까요? 자신에게서 존경할 점을 찾아보면 되는 것이죠. 아무것도 없을까요? 설마? 분명히 있을 것입니다. 당신은 이미 어마어마하게 치열한 경쟁에서 승리하여 이 세상에 태어난 사람이니까요! 자신의 강점이나 장점을 한번 생각해 보세요. 그리고 자신이 이룬 성과나 성공스토리에 대해서 생각해 보세요. 그것이 자존감의 시작입니다.

• 자신에 대한 사랑

우리 자신을 어떻게 하면 사랑할 수 있을까요? 자신을 존경하면 사랑할 수 있습니다. 존경할 수 없는 사람을 사랑할 수는 없습니다. 연애에서도 마찬가지이고 자신과의 관계에서도 마찬가지죠.

• 심플 방법론

자신과의 관계에서 첫째, 지킬 수 있는 약속만 하고 약속을 만들지 않으며, 둘째, 존경할 수 있는 부분을 지속적으로 찾으면 자신감, 자존감, 자신에 대한 사랑. 이 모든 것을 얻을 수 있을 것입니다.

034

CEO급 프라이드를 갖는 10가지 비법

자신의 사업을 주도적으로 끌고 나가야 하는 많은 CEO는 없던 자신감도 만들어 갖고 있으려 합니다. 하지만 인생을 경영해야 하는 우리도 한 명의 CEO나 다름없습니다. 그러려면 우리에게도 자신감이 필요하겠지요. 그들은 어떤 비법으로 자신감을 유지하는지 함께 알아보도록 하세요.

• 자신이 없을 때 행동에 나서라

데일 카네기는 "무위는 의심과 걱정을 키운다. 행동은 자신감과 용기를 낳는다"라는 명언을 남겼습니다. 행동을 개시해서 자신감을 키우세요.

• 매일 자신의 심리적 안전지대 밖에서 무언가를 시도하라

우리가 심리적 안전지대를 확장하지 않으면 그 안전지대는 줄어듭

니다. 항상 도전하고 자신을 개선하면 새로운 시도를 하는 것이 편해
질 것입니다. 그러고 나면 위험을 감수하고 도전하는 이로서의 자신
의 정체성을 정립할 수 있을 것입니다.

• 타인에게 집중하라

자기 자신 대신에 타인에게 관심을 기울이세요. 타인들에게 질문
을 하세요. 칭찬에 인색하지 말고, 능력이 되는 한 타인 돕기를 자청
해 보기 바랍니다. 타인의 최대 장점을 찾아내려고 노력하다보면 자
신의 장점을 발견하는 데에도 보탬이 될 것입니다.

• 멘토를 만들어라

멘토가 주는 조언과 멘토와의 관계는 소중한 자산입니다. 게다가
멘토가 조언하는 일장일단에 근거한 객관적인 판단 덕분에 기회에
대한 더 나은 선택을 할 수 있게 될 것입니다. 또한 실패하더라도 다
시 새로운 도전에 나설 의지가 훨씬 더 강해질 것입니다.

• 긍정적인 혼잣말을 하라

항상 누군가가 자신을 깎아내릴 때 자신감을 갖기란 쉽지 않습니
다. 그 비관론자가 자신인 경우, 자신감 회복은 불가능하지요. 자신
에게 혼잣말을 할 때 주의를 기울이세요.

• 비관론자들을 인적 네트워크에서 제외시켜라

공적, 사적으로 성장하고 싶다면 건설적인 비판을 환영하고 수용하는 것이 필수적입니다. 그러나 당신과 당신의 삶에 늘 부정적인 견해를 표하는 타인들이 있고, 그들에게 당신의 가치를 설득시키려고 애쓰는 것은 시간 낭비에 불과하다는 사실을 인식하세요.

• 건강을 챙겨라

건강은 제일 중요한 자산이라고 할 수 있습니다. 시간을 쪼개 운동을 하고 충분한 휴식을 취하세요. 체력이 받쳐줘야 새로운 도전도 할 수 있는 것입니다.

• 숙제를 거르지 마라

자신이 종사하고 있는 업계에 대한 최신 뉴스에 항상 관심을 기울이고 재직하는 회사와 부서를 안팎으로 속속들이 파악하세요. 어려운 업무를 앞두고 있다면 마음속으로 준비하고 연습하기 바랍니다.

• 보디랭귀지에 세심한 주의를 기울여라

자세와 전체 외양은 당신의 마음가짐, 이미지와 타인들이 당신을 대하는 태도에 영향을 미칩니다. 정자세로 서 있거나 앉고 상대방과 눈을 맞추고 미소를 지어보세요. 몸담고 있는 업종에 어울리는 프로페셔널한 복장을 갖추고 덜덜 떨거나 폐쇄적인 자세(팔이나 다리를 꼬거

나 등을 구부리는 자세), 잦은 한숨 쉬기와 같은 긴장감을 드러내는 보디랭귀지를 없애도록 하세요.

• 매일 감사하는 연습을 하라

삶에 일어난 긍정적인 일들에 대한 '감사'로 하루를 시작하면, 그날 겪게 되는 어려움을 올바른 시각으로 접근하게 될 가능성이 높아지게 될 것입니다. 매사에 감사하는 마음을 가져 보세요.

—베키 블라록

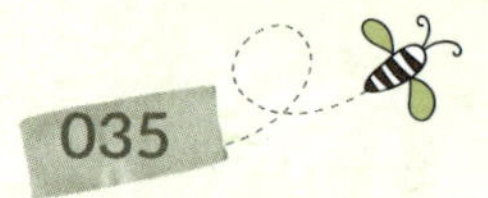

자신감 상승 10가지 비법

살아가는 데 가장 가치 있는 3가지 중 첫 번째는 '사랑'이라고 합니다. 그리고 두 번째는 '긍정적 사고'이지요. 자, 그럼 마지막은 무엇일까요? 그렇습니다. 바로 '자신감'입니다.

물론 있어도 그만 없어도 그만이라고 생각하시는 분들도 있을 거예요. 그건 사람마다 가치의 기준이 다르기에 그럴 수 있죠. 하지만 자신감만은 나를 지켜주는 최후의 보루가 아닐까 생각합니다. 당신의 가치 있는 것들을 함께 떠올려 보세요.

• 익숙한 곳에서 일부러 탈출하자

익숙하지 않은 상황에 계속 맞닥뜨리면 자신의 한계가 점점 넓어지는 것을 느낄 수 있습니다. 대수롭지 않은 일이라도 매일 새롭게 시도하면 자신감 상승에 큰 도움이 되며, 조만간에 뭐든지 할 수 있다는 기분이 저절로 생길 것입니다.

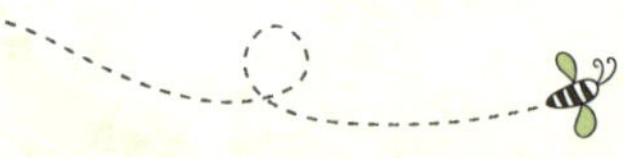

가치 있는 당신을 만나는 순간

• 미안해하지 말고 자기 뜻대로 살자

우리가 다른 사람의 속마음을 통제할 수 없다는 걸 기억하도록 합시다. 다른 사람의 의견을 경청하되 꼭 그런 의견에 집착할 필요가 없다는 말입니다. 나만의 스타일을 찾고, 본인이 옳다고 생각하는 대로 삽시다.

• 두려워하는 부분을 인정하자

두려움을 느끼는 것은 정상입니다. 맹점은 두려움이 나를 지배하지 않게 하는 것이죠. 두려운 것을 인정한다고 그 두려움이 현실이 되는 건 아닙니다. 그러니 두려워하는 부분을 인정하고 그 해법을 고민하는 것이 훨씬 생산적일 것입니다.

• 완벽함이란 없다

완벽을 추구하다가는 오히려 자신에 대한 불신이 더 생길 수 있습니다. 따라서 자신의 실수에 대해 관대해야 합니다. 실수를 용납하지 못하면 성장도 불가능합니다. 또 어떤 사물을 너무 지나치게 고민하는 것도 같은 결과를 야기할 수 있습니다.

• 나는 대단한 사람이란 걸 잊지 말자

미국의 라이프스타일 코치 잭 캔필드는 "자신에 대한 인식과 인정이 있어야 더 높은 목표와 임무를 완수하는 데 필요한 통찰력과 의식을 가질 수 있다"고 했습니다. 내가 정말로 대단한 이유를 목록화 해 보세요. 그리고 거기다가 이제까지 내가 성취한 모든 것을 포함합 시다.

• 자신감을 불어넣어 주는 신체 상태를 유지하자

최근 한 고객이 이렇게 말했습니다. 자신감이 넘치는 상태를 몸으 로 느낀다고 말입니다. 그래서 그녀에게 그런 느낌이 날 때를 잘 살폈 다가 반복하라고 조언했습니다. 그녀의 말로는 차 안에서 노래를 들 을 때 자신감이 향상되는 기분이었다고 합니다. 특정 노래만 들으면 기분이 매우 좋아진다고 했지요. 간단한 방법입니다.

• 몸가짐에 신경 쓰자

몸짓에도 자신감이 있어야 합니다. 고개를 떨구고 어깨를 축 늘어 뜨린 상태로 걸으면 자신의 기분도 처질뿐더러 다른 사람에게 부정 적인 신호를 주게 됩니다. 그리고 팔짱을 낀다든지, 축 처져 있든지, 손가락을 많이 움직이는 동작은 조심하도록 합시다. 다른 사람과 눈 을 맞추고 웃어 보세요.

• 자신의 주장을 표현하는 것을 연습하자

우리는 모두 자신의 생각을 주장할 권리가 있습니다. 자신이 필요 한 것을 표현한다면 기적이 생길 것입니다. 그러니 당당히 자신이 원

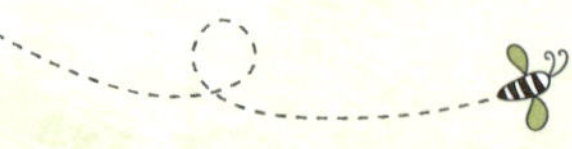

하는 것을 요구해 보세요. 지금 당장!

• 자신 있게 생각하자

가장 극단적인 결과를 생각하는 것은 필요 이상의 불안을 자초합니다. 그렇다면 어떤 행동도 가능하지 않지요. 그보다는 여러 가지 가능성이 있다는 사실을 헤아리는 데 에너지를 쓰세요. 그중 한 가지에 집중한 다음, 거기서 기대할 수 있는 결과를 상상해 봅시다.

• 자책하지 말고 용서하라

지나간 일에 대해 너무 자책하지 마세요. 우리에겐 내일이라는 기회가 있고, 과거가 미래를 좌우하진 않습니다. 오늘부터 새롭게 시작하세요!

이 10가지 방법을 실천한다면 부족한 자신감이 향상되며 자신이 가진 세상을 바꿀 수 있는 가능성을 알게 될 것입니다. 더 풍요롭고 더 행복한 삶을 위한 중요한 조건 중 하나는 자신감이라는 것을 명심하세요.

―낸시 비토

036

긍정적 자부심을 가꾸는 7가지 지혜

"저 사람은 그럴만한 가치가 있는 사람이야. 정말 대단해."

다른 사람을 보면서 이런 생각을 해 본 적이 있나요? 하지만 내가 이렇게 대단하다고 생각하는 사람만큼이나 나 또한 가치 있는 사람이라는 것을 알고 있을 텐데요. 그런데 그걸 알면서도 왜 아직도 스스로에 대한 자부심을 갖지 못하고 있나요?

그래서 이런 분들을 위해 긍정적 자부심을 가꾸는 지혜를 소개하려 합니다. 물론 이 지혜들은 내재화를 해야 효과가 있다는 것을 잊지 마세요.

• 자신의 가치를 생각해라

내가 아주 특별한 존재, 오직 한사람, 온 세계를 통틀어 보아도 절대적으로 완벽하게 드문 존재라는 사실을 깨달아야 합니다. 내게는 나만의 사고방식과 행동양식이 있고 기호가 있습니다. 내게는 오직

나만의 유일한 자질과 능력이 있는 것입니다.

• 건전한 사람들과 어울려라

'건전한 사람들'이란 무엇이든 열심히 하는 사람들입니다. 열정은 전염성이 있기 때문에 그들의 태도는 나에게도 영향을 미치게 됩니다. 책이나 비디오, 오디오 프로그램을 통해서 혹은, 직접대면을 통해 건전한 사람들과 어울리게 되면 그들의 영향을 받고 나의 자부심에도 놀라운 변화가 나타나게 되는 것이죠.

• 부정적인 것을 피해라

다른 이들의 변명이나 고민거리를 비롯해 전반적으로 부정적인 이야기를 듣는 것 자체로 그들의 부정적인 생각에 휩쓸리기 쉽습니다. 부정적인 사람이나 상황과는 거리를 두어 나의 자부심을 보호하도록 합시다.

• 긍정적으로 생각해라

긍정적이고 활력이 넘치며, 정신을 집중한다면 위대한 과업을 성취할 수 있지만 부정적인 태도에 기운도 없고, 정신집중도 하지 않는다면 아무것도 이룰 수 없습니다. 긍정적으로 생각해서 스스로의 기운을 북돋아 주어야 합니다.

• 두려움을 외면하지 말라

진짜 실패는 아예 경기를 하지 않는 것입니다. 나를 억압하는 두려움과 맞서 싸우세요. 성공은 눈덩이와 같아서 일단 작게 만들어 놓기만 하면 저절로 커지기 마련입니다.

• 자기암시를 해라

마음속에 그려 보고, 말로 해 보고, 이루어 보세요. 결과가 현실로 나타나기를 기대하고 참을성 있게 기다려야 합니다.

• 사다리는 한 번에 한단씩 올라가라

명심하세요, 로마도 하루아침에 이루어지지 않았습니다. 한 번에 하나씩 나의 자아상을 차근차근 쌓아올려야 합니다. 한 가지를 완수할 때마다 힘도 세지고 자신감도 커질 것입니다.

—이안 시모어

037

삶에 지친 당신에게 힘을 주는 명언

'자신감'의 사전적인 의미는 '자신이 있다는 느낌'입니다. 그리고 관련 어휘에는 반의어인 '좌절감'만이 있고 유의어는 존재하지 않지요. 사실 비슷한 말이 존재하지 않는 단어는 극히 드문데요. 그 뜻은 곧 자신감을 대신해 줄 단어가 없을 뿐만 아니라 실제 현실에서 자신감을 잃는다 해도 아무도 나를 대신할 수 없다는 것을 의미합니다.

이처럼 자신감은 대체할 단어도 상황도 없기 때문에 오롯이 내가 선택하고 내가 만들어 가야 합니다. 그러니 비록 지금 지치고 힘들다 하여도 내 자신이 존재하고 있다는 느낌만은 잃지 말길 바랍니다.

• 슬픔이 그대의 삶으로 밀려와 마음을 흔들고 소중한 것을 쓸어가 버릴 때면 그대 가슴에 대고 말하라. "이것 또한 지나가리라"

—랜터 윌슨 스미스

- 나 자신에 대한 자신감을 잃으면 온 세상이 나의 적이 된다.

  –랄프 왈도 에머슨

- 항상 맑으면 사막이 된다. 비가 내리고 바람이 불어야만 비옥한 땅이 된다.

  –스페인 속담

- 인생에서 가장 슬픈 세 가지. 할 수도 있었는데, 해야 했는데, 해야만 했는데.

  –루이스 E. 분

- 같은 실수를 두려워하되 새로운 실수를 두려워하지 마라. 실수는 곧 경험이다.

  –신준모, 〈어떤 하루〉 중에서

- 오늘은 당신의 남은 인생 중, 첫 번째 날이다.

  –영화, 〈아메리칸 뷰티〉 중에서

- 생명이 있는 한 희망이 있다. 실망을 친구로 삼을 것인가, 아니면 희망을 친구로 삼을 것인가.

  –위트

- 실패란 넘어지는 것이 아니라, 넘어진 자리에 머무는 것이다.

  –안네스 안, 〈프린세스, 라 브라바!〉 중에서

038

좌절은 해도 자신감은 잃지 않는 명언

살다보면 자신감이 떨어지거나 다른 사람과 비교되는 자신 때문에 스스로를 자책하며 힘들어 할 때가 있지요. 그럴 때마다 곁에서 조언을 해 줄 사람이 있다면 좋겠지만 그럴 수 없다는 것이 현실이기도 합니다.

하지만 그렇다고 낮아진 자신감에 좌절하며 힘들어 하지 않았으면 합니다. 당신만이 아니라 누구에게나 한번쯤은 그런 날이 있으니까요. 혼자 힘이 들 때 다음의 명언들을 한 번씩 되새기며 스스로에게 힘도 주고 용기도 주며 자신감을 키워보면 좋겠습니다.

• 미쳤다고 생각하고 20초만 용기를 내 볼 필요도 있어. 그럼 상상도 못 한 멋진 일들이 펼쳐질 거야.

—영화, 〈우리는 동물원을 샀다〉 중에서

- 살아가면서 너무 늦거나 이른 건 없고, 꿈을 이루는 데 제한시간은 없다. —영화, 〈벤자민 버튼의 시간은 거꾸로 간다〉 중에서

- 인생에서 저지를 수 있는 가장 큰 실수는 실수할까 봐 끊임없이 두려워하는 일이다. —앨버트 허버드

- 자신을 믿어라. 자신의 능력을 신뢰하라. 겸손하지만 합리적인 자신감 없이는 성공할 수도 행복할 수도 없다. —노먼 빈센트 필

- 누구나 자신의 그릇에 맞는 세상 속에 산다. 생에 한번쯤은 그 세계를 넘어서야 하는 경우가 생기는데 그때에 꼭 필요한 것이 자신감이다. —한비자

- 믿음이 부족하기 때문에 도전하길 두려워하는 바, 나는 스스로를 믿는다. —무하마드 알리

- 낮은 자존감은 계속 브레이크를 밟으며 운전하는 것과 같다. —맥스웰 말츠

- 자신을 타인과 비교하지 않는 것에서부터 자신감이라는 씨앗이 자라게 된다. —에이브러험 매슬로우

039

자신감으로 인생의 반을 이루는 비결

2016년 리우 올림픽, 8월의 밤을 빛냈던 펜싱 박상영 선수의 대역전극에서도 자신감의 힘이 발휘됩니다. 모두가 승부를 뒤집기엔 늦었다고 생각했던 결승전 10-14의 상황. 경기장의 소음을 뚫고 들려오는 관중석의 '할 수 있다!'라는 목소리. 박상영 선수는 이 외침을 몇 번이고 되뇌고, 응원에 힘입어 기적의 대역전극을 펼쳤지요.

여러분도 하루에 세 번씩 "나는 할 수 있다"를 되뇌며 스스로에게 마법의 주문을 걸어 보는 것은 어떨까요?

- 나는 한 인간에 불과하지만 오롯한 인간이다. 나는 모든 것을 할 수 없지만, 무엇인가 할 수 있다. 그러므로 나는 내가 할 수 있는 것을 기꺼이 하겠다.

  —헬렌 켈러

- 자존이야말로 모든 미덕의 초석이다.

  —존 허셀

- 겸손해져라. 그것은 다른 사람에게 가장 불쾌감을 주지 않는 종류의 자신감이다.　　　　　　　　　　　　　　　　　　-쥘 르나르

- 자신감은 위대한 과업의 첫째 요건이다.　　　　　　　-사무엘 존슨

- 자신의 능력을 믿어야 한다. 그리고 끝까지 굳세게 밀고 나가라.　　　　　　　　　　　　　　　　　　　　　　　　-로잘린 카터

- 자존심은 오전에는 풍요, 오후에는 가난, 밤에는 악명과 함께 한다.　　　　　　　　　　　　　　　　　　　-벤저민 프랭클린

- 당신의 노력을 존중하라. 당신 자신을 존중하라. 자존감은 자제력을 낳는다. 이 둘을 모두 겸비하면, 진정한 힘을 갖게 된다.　　　　　　　　　　　　　　　　　　　　　　-클린트 이스트우드

- 자신의 몸, 정신, 영혼에 대한 자신감이야말로 새로운 모험, 새로운 성장 방향, 새로운 교훈을 계속 찾아 나서게 하는 원동력이며 바로 이것이 인생이다.　　　　　　　　　　　　　-오프라 윈프리

■ 아이언맨 실제 모델 엘론 머스크의 도전

'아이언맨'의 토니 스타크가 실존 인물을 모델로 설정된 인물이라는 사실 알고 있나요? 그 모델이 바로 테슬라의 CEO 엘론 머스크인데요. 그는 인생에서 실패를 하나의 옵션이라고 생각하며 실패를 겪지 않는 것은 자신이 충분히 혁신적이지 않았다는 증거라고 생각했다고 해요. 그리고 그는 정말 중요한 일이라고 생각하는 것이 있다면 다른 생각을 가지고 있더라도 그 일을 놓지 않고 계속 했다고 해요. 뿐만 아니라 그는 자신의 최고의 것을 만들기 위해서 더 엄격해졌다고 합니다. 모든 잘못된 점을 찾고 그것을 고치며, 특히 친구들로부터 부정적인 피드백을 받았다고 해요. 또한 그는 항상 "첫 번째 단계는 무언가를 가능하게 만드는 것이고 그런 후에 가능성이 생긴다"라는 야망 가득한 마음을 가지고 도전을 했다고 합니다.

여러분들의 자존감을 낮추는 요소들을 여기에 적어 보세요. 그리고 지우개로 깨끗이 지우고 잊어버리세요.

■ 가장 평범하지만 힘이 되는 자신감 찾는 방법

유명인의 일화나 위인들의 사례를 들면서 자신감을 찾으라거나 성공을 유도하는 것은 자신에게 크게 와 닿지 않을 수 있습니다. 모두가 유명인이나 위인의 삶을 살 수는 없으니까요. 그래서 평범한 사람의 이야기를 해 보겠습니다.

한 사람에게 어느 날부터 여러 악재가 겹쳐서 일어났다고 해요. 시험 결과는 매번 좋지 않았고, 취업은 힘든데 하루하루 시간만 흘러갔습니다. 평소 건강이 안 좋으셨던 어머니는 공황장애 증상까지 생겨 불안은 가중되어 갔습니다. 그는 처음에는 모든 것을 자기의 탓으로 돌렸지요. 그러다가 부모님 탓으로 그 책임을 미루었습니다. 마침내는 그동안의 인간관계를 모두 끊어야 했습니다.

그렇게 시간만 흐르다 보니 쓰레기 같은 생각들만 머릿속을 가득 채웠고, 이 모든 것을 털어내려 등산을 시작했습니다. 정상을 한 번 오를 때마다 의도적으로 걱정 하나씩을 두고 내려왔습니다. 석 달을 꾸준히 산에 오르니 어느새 머릿속이 가벼워졌다고 해요. 그렇게 머리를 비우니 자신감을 채울 마음의 공간이 생겼습니다.

이를 계기로 누구보다 확고한 자신감을 갖게 되었습니다. 이제는 웬만한 일로는 자존감이나 자신감이 떨어지는 일은 없게 되었습니다. 혹시 다시 시련이 찾아오려 준비를 한다면 이제는 머리를 비우는 연습을 먼저 한다고 합니다.

나의 실천 다이어리

마음을 채우려면 머리부터 비워야 합니다. 여러분이 비워내고 싶은 것을 적어 보세요. 그리고 지우개로 깨끗이 지우고 잊어버리세요.

도전하는 당신에게 필요한 말

살며 살아가는 행복

눈을 뜨는 것도 숨이 벅찬 것도

고된 하루가 있다는 행복을

나는 왜 몰랐을까

아직 모르는 게 많아

내세울 것 없는 실수투성이

아직 넘어야 할 산은 많지만

그냥 즐기는 거야

아무도 가르쳐 주지 않기에

모두가 처음 서 보기 때문에

우리는 세상이란 무대에선

모두 다 같은 아마추어야

♬ 이승철, 「아마추어」

처음부터 완벽하고 시도하는 대로 성공하는 삶을 산다면 얼마나 좋을까요? 하지만 처음 살아나가는 인생에 있어서 베테랑은 없을 것입니다. 앞으로도 실수투성이에 넘어지고 좌절하는 일이 많겠지요. 그래도 괜찮습니다. 우리는 모두 다 같은 인생 아마추어니까요. 도전하는 것이 두렵고 겁나는 이들에게 용기를 북돋아 줄 수 있는 말을 전합니다.

#도전 #용기 #가능성 #시도 #아마추어 #인생공부

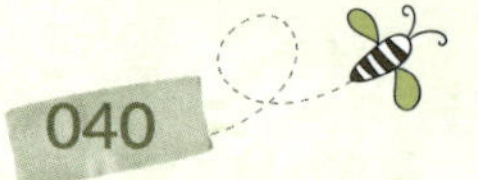

040

자신 있게 도전하는 방법 21가지

도전(挑戰)을 하다보면 누구나 고전(苦戰)을 면치 못할 때가 있는데요. 그럴 때마다 좌절하게 되면 발전(發展)할 수 없는 상태가 됩니다. 지금 당장은 모든 일이 벅차게만 느껴진다 해도 내 비전(vision)을 생각하고 자신 있게 헤쳐 나가다 보면 나보다 앞서 가던 사람을 역전(逆轉)할 수 있는 기회가 오기도 하니 그때를 놓치지 말고 반드시 내 것으로 만들기 바랍니다.

- 큰 꿈이 영혼을 감동시킨다.
- 정확한 목표를 세워라.
- 나를 고용한 사람은 바로 나 자신이다.
- 좋아하는 일을 하라.
- 최고가 되어라.

- 더 많이 더 열심히 일하라.

- 평생 동안 애써 배워라.

- 먼저 저축하라.

- 사소한 것도 철저히 배워라.

- 당신의 서비스에 작은 차이를 만들어라.

- 절대적으로 솔직하라.

- 최우선 과제에 먼저 매달려라.

- 더 빠르고 더 확실하게 하라.

- 위기는 약점을 보완하는 기회다.

- 중요한 것은 과정이 아니라 결과다.

- 자신의 끼를 개발하라.

- 매처럼 날려면 닭과 다투지 마라.

- 몸무게가 줄면 인생이 풍성하다.

- 두드리지 않으면 문은 열리지 않는다.

- 실패는 선택이 아니다.

- 아무 것도 끈기를 대신하지 못한다.

—브라이언 트레이시, 〈자신 있게 도전하라〉 중에서

041

나를 바꿔주는 단어

같은 약재라도 쓰임에 따라 약이 될 수도, 독이 될 수도 있듯이 우리가 평소 사용하는 단어도 어떤 의미로 생각하고 쓰느냐에 따라서 우리 삶에 약이 될 수도, 독이 될 수도 있습니다.

약이 되는 말을 쓰고 있나요? 독이 되는 말을 쓰고 있나요? 혹시 방법을 몰라 자신을 바꾸지 못한 분들이 있다면 다음의 의미들을 보고 스스로를 변화시켜 보도록 하세요.

- **열정** – 다른 것을 보지 않는 단순함의 에너지가 바로 열정이다.
- **성공** – 성공하려면 남이 가지 않은 길로 가라.
- **최선** – 모든 일에 최선을 다해야 한다고 생각하지 마라.
- **도전** – 도전이란 상식 밖의 행동을 하는 것이다.
- **가치** – 당당하게 살고 싶다면 자신의 가치를 높여라.

- **완벽** – 완벽의 함정에 빠지지 마라.

- **재능** – 다른 사람이 인정하는 것이 진짜 나의 재능이다.

- **경쟁** – 창의적인 삶에는 경쟁이 없다.

- **행복** – 행복한 사람이 똑똑한 사람이다.

- **유행** – 유행에 신경 쓰지 않는 사람이 유행을 창조하고 이끈다.

- **좌절** – 이것도 곧 지나가리라.

- **신뢰** – 신뢰를 깨지 마라.

- **행운** – 낙심하지 마라. 진정한 행운은 예고 없이 찾아온다.

- **가족** – 모든 것을 다 바꿔도 바꿀 수 없는 것이 가족이다.

- **감사** – 인생의 성공을 만드는 에너지는 내 마음 속의 감사다.

- **기회** – 기회는 만드는 것이다.

- **처음** – 처음으로 돌아가라. 그것이 지름길이다.

- **유혹** – 유혹의 가장 큰 무기는 진정성이다.

- **변화** – 변화는 또 다른 변화를 낳는다.

- **승리** – 작은 승리가 큰 꿈을 이룬다.

- **목표** – 어떻게 달성해야 할지 모르는 것이 목표여야 한다.

- **선택** – 자기파괴를 선택하지 말고, 자기실현을 선택하라.

- **열쇠** – 인생의 비밀을 열어줄 열쇠는 없다.

- **콤플렉스** – 내게 부족한 것이 아닌 나를 망가뜨리는 것이다.
- **스트레스** – 긍정적 스트레스를 즐기자.

- **아이디어** – 엉뚱하게 시작해서 현실적으로 진화하는 것이다.
- **오늘** – 오늘이 바로 내 인생이다.
- **선물** – 부자가 되고 싶다면 많은 선물을 해라.
- **지혜** – 어제까지의 지식은 쓰레기다. 이것을 판별할 지혜가 필요하다.
- **경험** – 생각의 경험을 넓혀라.

- **긍정** – 긍정으로 나를 채우자.
- **꿈** – 소중한 내 인생은 내 꿈으로 이루어진다.
- **칭찬** – 상대의 이야기를 하는 것이 칭찬이다.
- **사랑** – 사랑이란 모르는 척하지 않는 것이다.
- **웃음** – 즐거울 때만 웃지 말고, 웃어서 즐거워져라.

- **부자** – 부자는 가치 있는 자산을 많이 확보한 사람이다.
- **중독** – 긍정적 중독에 빠지지 마라.
- **돈** – 사람을 만나야 돈이 굴러 들어온다.
- **게으름** – 인생의 소중함을 아는 사람은 게으를 수 없다.
- **시간** – 시간은 돈이 아니다. 그 이상이다.

- **느림** – 빨리 뛸 때 보지 못했던 것이 천천히 걸을 때 보인다.
- **배움** – 배우기만 하면서 인생을 낭비하지 마라.
- **고객** – 진정한 고객 만족은 고객을 이끄는 것이다.
- **실천** – 결국 모든 것은 행동으로 얻어진다.
- **결정** – 우왕좌왕 주저하는 것보다는 잘못된 결정이 더 생산적이다.

- **창조** – 자신의 인생을 살아가는 것이 다름 아닌 창조다.
- **습관** – 생각의 습관이 내 인생을 결정한다.
- **설득** – 상대의 마음을 얻어야 한다. 그래야 설득할 수 있다.
- **관계** – 나의 인간관계는 나의 전문성이 만든다.
- **봉사** – 봉사를 배워라. 봉사만이 당신을 리더로 키운다.
- **용기** – 단 3%의 두려움이 우리의 용기를 가로막는다.

–박종하, 〈아주 특별한 성공의 태도〉 중에서

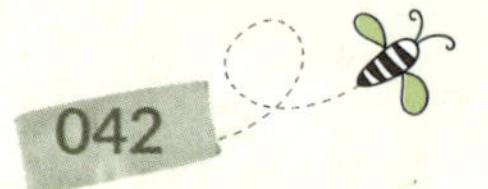

042

나를 잃지 않고 도전하는 법

프레드리히 니체는 "괴물과 싸우는 사람은 그 과정에서 자신마저 괴물이 되지 않도록 주의해야 한다"고 말했습니다. 그리고 "당신이 오랫동안 심연을 들여다 볼 때 심연 역시 당신을 들여다볼 것이다"라고도 말했지요.

도전이라는 것은 그 무엇에도 상관없이 시도해야 하는 것이지만, 이때 도전에만 눈이 멀어 자신이 괴물이 되어가지는 않는지 늘 조심해야 합니다. 다시 말해 어디를 가든 마음을 다해 가되, 스스로는 잃지 않고 도전할 수 있는 사람이 될 수 있도록 하세요.

- 당신이 바라거나 믿는 바를 말할 때마다, 그것을 가장 먼저 듣는 사람은 당신이다. 그것은 당신이 가능하다고 믿는 것에 대해 당신과 다른 사람 모두를 향한 메시지다. 스스로에 한계를 두지 마라.

  –오프라 윈프리

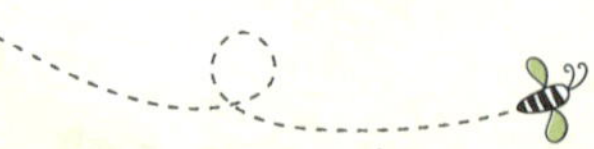

가치 있는 당신을 만나는 순간

- '노(NO)'를 거꾸로 쓰면 전진을 의미하는 '온(ON)'이 된다. 모든 문제에는 반드시 문제를 푸는 열쇠가 있다. 끊임없이 생각하고 찾아내어라.

  −노먼 빈센트 빌

- 난관은 낙담이 아닌 분발을 위한 것이다. 인간의 정신은 투쟁을 통해 강해진다.

  −윌리엄 엘러리 채닝

- 삶이란 우리의 인생 앞에 어떤 일이 생기느냐에 따라 결정되는 것이 아니라, 우리가 어떤 태도를 취하느냐에 따라 결정되는 것이다.

  −존 호머 밀스

- 진정 우리가 미워해야 할 사람이 이 세상에 흔한 것은 아니다. 원수는 맞은편에 있는 것이 아니라, 정작 내 마음 속에 있을 때가 더 많기 때문이다.

  −알랭

- 행복은 깊이 느낄 줄 알고, 단순하고 자유롭게 생각할 줄 알고, 삶에 도전할 줄 알고, 남에게 필요한 삶이 될 줄 아는 능력으로부터 나온다.

  −스톰 제임슨

- 도전은 인생을 흥미롭게 만들며, 도전의 극복이 인생을 의미 있게 한다.

  −조슈아 J. 마린

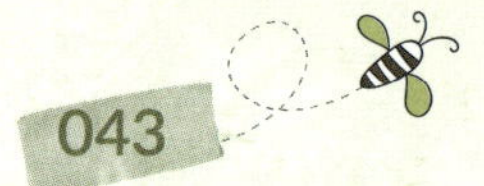

043

나이와 상관없이 해야 하는 16가지 도전

나이가 든다는 것. 그리고 주름이 하나씩 늘어난다는 것. 이것은 자신의 지나온 삶을 나타내는 안내선입니다. 당신은 자신의 지난 삶을 어떻게 안내하고 있나요?

혹시 지금까지의 결과가 만족스럽지 않다면 지금이라도 새로운 안내도를 만들 도전을 하면 됩니다. 나이가 들어간다는 것. 그것은 그어떤 장애도 되지 않는다는 것을 잊지 마세요.

• 웃어라

한국 사람은 웃음에 대해 무지하다. 왜 유머에 관련된 글이나 TV 프로를 보면 웃으면서 사람을 만나면 저승사자가 되는가.

• 칭찬하라

처음에는 아부성이나 미친 사람 취급받을 수도 있다. 한국 사회가

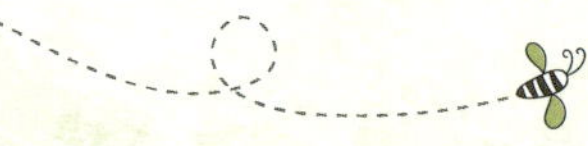

개개인에게 칭찬 한마디만 해도 우리나라 국민 소득은 3만 달러 아
니 4만 달러도 쉽게 넘을 것이다.

• 사랑하라

남부터 사랑하지 말고 본인부터 사랑하라. 사랑 받기 위해 태어난
사람이라는 가사는 본인을 두고 하는 말이 아닌가 본다.

• 책을 읽어라

적어도 책에 쓸데없이 돈 들어간다고 생각하지 말라.

• 자기 계발에 힘써라

준비하라는 경고다. 운은 준비한 사람에게 오는 특권이다. 그리고
기회이며 희망이다.

• 주말을 활용하라

노는 일에만 몰두하지 말고 의미 있는 일에 신경을 써라. 본인이 필
요로 하는 모임이나, 운동 등을 찾아라.

• 운동을 하라

돈 드는 쪽만 생각하지 말고 일주일에 한번 정도 산행을 한다든가
아침에 걷는 것도 운동이다. 유산소 운동을 많이 하라.

• 가족과 대화를 하라

바쁘더라도 하루에 30분 정도는 꾸준히 대화를 하라.

• 긍정적인 생각을 하라

성공한 사람들의 95% 이상은 긍정적인 생각과 낙관적인 사고를 가지고 있다.

• 꿈을 가져라

평범한 꿈은 꿈이 아니다. 이상적인 생각이 진정한 꿈이 될 수 있다. 꿈이 없는 사람은 자신의 철학도 인생의 삶의 의미를 모른다. 그리고 생각 자체가 부정적으로 된다.

• 점검을 하라

점검은 꼭 자신의 목표에 대한 점검만을 말하는 것이 아니다. 건강도 있고, 운동도 있다.

• 가족 생일을 챙겨라

사랑은 작은 것에 감동을 받으면 그것이 사랑이다. 나를 기억한다는 것, 그것이 사랑이다.

• 좋은 생각만 하라

어찌 보면 이것이 가장 핵심일 수도 있다. 힘들어도 좋은 생각을 하면 반드시 쨍하고 해 뜰 날이 생긴다. 절대 힘들다고 표현하지 마라.

• 얼굴 관리에 신경을 써라

화장에 신경을 쓰라는 뜻이 아니다. 좋은 생각, 긍정적인 생각, 밝은 생각을 한 사람이라면 남들이 볼 때 부러움을 살 것이며, 반대의 생각을 하면 걱정을 할 것이다.

• 10년 계획을 작성하라

계획을 작성해서 생활하는 사람과 안 하는 사람과의 생각과 대화 수준은 종이 한 장 차이지만 생각만큼 크다. 10년 계획이 아니면 5년 계획이라도 생각하라.

• 미래의 꿈을 꿔라

미래를 생각하지 않는 것은 계획이 없든가 포기했다라고 볼 수도 있다.

―자기경영연구소, 〈자기계발대사전〉 중에서

044

지금 당장 시도해야 하는 당신을 위한 명언

'한번 해 보다'와 '한 번 해 보다'의 차이를 아시나요?

전자의 '한번'은 '어떤 일을 시험 삼아 시도함을 나타내는 말'인데요. 이는 큰 목표 없이 일회성에 그치는 단발적인 시도에 불과한 말입니다. 후자의 '한 번'은 '한 번, 두 번'의 횟수라는 의미가 담겨 있습니다.

다시 말해 이번 도전이 만족스러운 결과를 가져오지 못했더라도 그 다음의 도전 기회가 있는 것이지요. 하지만 대부분의 사람들이 목표를 세우고도 '한 번'이 아닌 '한번' 도전을 하고 있습니다. 그래서 결국에는 도전도 아닌 시도에 그치는 일을 하는 것이지요.

하지만 이런 시도들로만 인생을 채우기에는 우리의 시간은 아쉽게도 한정되어 있습니다. 만약 자신이 이제까지 도전이 아닌 시도로만 인생을 꾸며 왔다면 지금이라도 당장 목표를 세워 '한 번' 도전해 보는 것은 어떨까요?

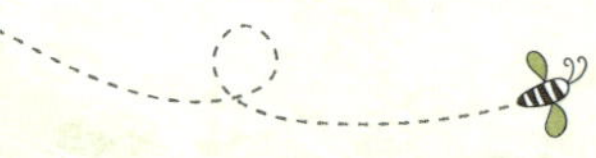

가치 있는 당신을 만나는 순간

- 당신은 당신이 생각하는 대로 살아야 한다. 그렇지 않으면 머지 않아 당신은 사는 대로 생각하게 될 것이다.   -폴 발레리

- 변명 중에서도 가장 어리석고 못난 변명은 "시간이 없어서..." 라는 변명이다.   -토머스 에디슨

- 모르겠는가? 마음만 먹으면 지금 이 순간에도 갈망하는 일을 하고 있을 수 있다. 그러니 그렇게 하라! 지금 당장!   -작자 미상

- 할 수 있다고 생각하기 시작할 때 사람들은 실로 놀랄만한 면모를 드러낸다. 스스로 믿을 때, 비로소 성공의 첫 번째 비결을 갖게 되는 것이다.   -노먼 빈센트 필

- 용감하게 행동하라. 세상은 확신을 갖고 행동하는 사람을 위해 길을 비켜준다.   -마이클 조던

- 사람을 판단하는 최고의 척도는 안락하고 편안한 시기에 보여주는 모습이 아닌, 도전하며 논란에 휩싸인 때 보여주는 모습이다.   -마틴 루터 킹

- 할 수 없을 것 같은 일을 하라. 실패하라. 그리고 다시 도전하라. 넘어져 본 적이 없는 사람은 도전한 적이 없는 사람이다.

  -오프라 윈프리

- 세상의 중요한 업적 중 대부분은, 희망이 보이지 않는 상황에서도 끊임없이 도전한 사람들이 이룬 것이다.

  -데일 카네기

- 대면한다고 해서 모든 것이 바뀔 수는 없지만, 맞서 대면하지 않으면 아무것도 바꿀 수 없다.

  -제임스 볼드윈

가치 있는 당신을 만나는 순간

045

특별한 당신을 도전하게 만드는 조언

자신의 인생이 남들과 특별히 달라야 한다고 생각하나요? 물론 당신이 특별한 한 사람임에는 변함이 없어요. 하지만 인생에서는 오히려 그 특별함을 부여하는 순간 부담감으로 인해 도전하고자 하는 마음이 사라져 버릴 수도 있습니다.

산다는 것이 언제나 화려할 수는 없어요. 어쩌면 단 한 번도 화려하지 않을 수도 있지요. 어제도, 오늘도, 내일도 조금은 다르지만 비슷한 날들로 채워질 수 있습니다. 지금까지 이러한 일들에 실망을 했었다면 이제부터는 생각을 바꿔보는 건 어떤가요? 나는 특별하지만 살아가는 나날들이 꼭 특별한 날들로 채워질 필요는 없잖아요.

- 이 세상은 도전해 볼 만하다. 어떠한 일이 있더라도 꿈을 잃지 마라. 꿈은 희망을 버리지 않는 사람에게는 선물로 주어진다.

  −아리스토텔레스

- 단순히 부를 갖는 것이 행복이 아니다. 행복은 성취의 기쁨과 창조적 노력이 주는 쾌감에 존재한다. —프랭클린 델라노 루스벨트

- 귀 기울이는 법을 배워라. 기회는 때로 살면서 노크한다. 기회는 종종 불운이나 일시적 패배로 위장하고 다가온다. —작자 미상

- 가난이라는 문제가 우리들의 마음속에 파고들지 않도록 하고 신념과 목적을 가지고 우리가 원하는 것에 온 마음을 집중시킬 수 있는 의지를 사용하라.

  —월레스 D. 와틀스, 〈부자 아빠의 비밀노트〉 중에서

- 조금도 위험을 감수하지 않는 것이 인생에서 가장 위험한 일일 것이라 믿는다. —오프라 윈프리

- 난관은 낙담이 아닌 분발을 위한 것이다. 인간의 정신은 투쟁을 통해 강해진다. —윌리엄 엘러리 채닝

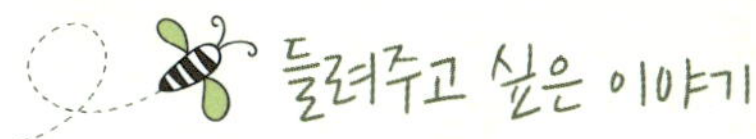

■ 인생이 도전인 산악인 엄홍길

세계 최초 8천 미터 16좌를 오른 산악인 엄홍길은 자신의 목표를 달성하기 위해 22년 동안 38번의 도전을 했다고 합니다. 또 생사의 경계선을 수없이 넘나들기도 했고요. 그럼에도 그가 또다시 산에 오르는 이유는 끊임없이 도전을 할 수 있는 산이 기다리고 있기 때문이라고 해요. 즉, 목표에 한계가 없는 그에게 도전은 인생의 전부인 것이죠. 뿐만 아니라 살아 있는 한 계속 성공하고 실패하며 그로부터 무언가를 배우고 싶은 마음이 바로 그가 도전정신을 잃지 않는 비결이랍니다.

나의 실천 다이어리

지치지 않는 도전을 위한 자신의 목표는 무엇인가요?

■ 외다리 수영선수의 비극을 극복한 도전

남아공의 수영 유망주였던 뒤 투아는 열일곱 나이에 고향인 케이프타운에서 불의의 교통사고를 당했습니다. 오전 훈련을 마치고 스쿠터를 타고 학교로 가던 중 자동차에 부딪혀 왼쪽 다리가 으스러지는 사고였습니다. 그 사고로 투아는 결국 무릎까지 잘라야 했고, 부러진 넓적다리뼈에는 티타늄을 삽입했습니다.

하지만 그녀의 수영에 대한 애정은 사고 후 더 커졌다고 해요. 10 km 수영 마라톤은 중도에 포기하는 선수가 나올 정도로 체력적으로, 정신적으로 어려운 경기라고 하는데요. 그런 대회에 출전하기 위해 그녀는 자신의 방 책상 앞에 다음과 같은 표어를 붙여 두고 꿈을 현실로 만들기 위해 도전했습니다.

"인생의 비극은 목표에 미치지 못하는 것이 아니라 도전할 목표를 갖지 못하는 것이다."

결국 그녀가 꿈에 도전하는 데 있어 다리 수는 아무런 문제가 되지 않았습니다. 여러분은 인생에서 도전하고자 하는 목표는 무엇인가요?

도전을 하기 전 이겨내야 할 자신의 시련은 무엇이 있나요? 적어 보
세요. 적고 나면 더 이상은 여러분을 괴롭히지 않을 거예요.

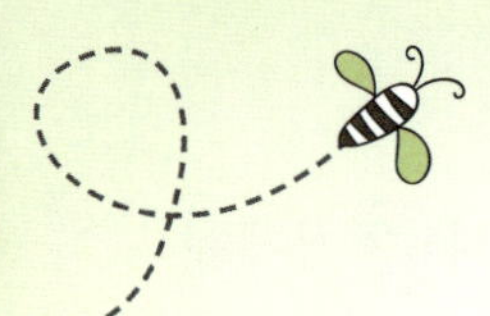

시간은 내가 이끌어 가는 것

어떤 하루는 너무 행복하고 즐거워서

시간이 느리게만 갔으면 참 좋을 것만 같고

또 어느 날엔 구름만 끼어 있어도

내 마음속이 다 번져서 모든 것들이 다 흐릿해

늘 좋은 일만 있을 순 없단 걸 알아도

늘 내려놓지 못할 뿐

행복하고 좋은 일들만 하고 싶다며

떼를 써 봐도 지금이 행복한 거라고

이런 하루들 속에 그대는 나의 전부 같은데

이런 날들로 채워질 내 안에 그대는 사이사이 피어 있는

꽃이길 바래요

♫ 백예린, 「Zero」

모두에게 매일 공평하게 주어지는 24시간. 길 수도 있고, 짧을 수도 있는 '하루'라는 시간은 각자의 사연으로 다르게 채워지죠. 똑같은 시간을 어떻게 활용하느냐에 따라 그날의 컨디션이 달라지기 마련인데요. 시간 관리는 곧 자기 관리입니다. 우리가 자율적으로 활용하는 보물 같은 시간. 좀 더 효율적으로 지내보는 것은 어떨까요?

#성공 #시간관리 #자기관리 #하루 24시간

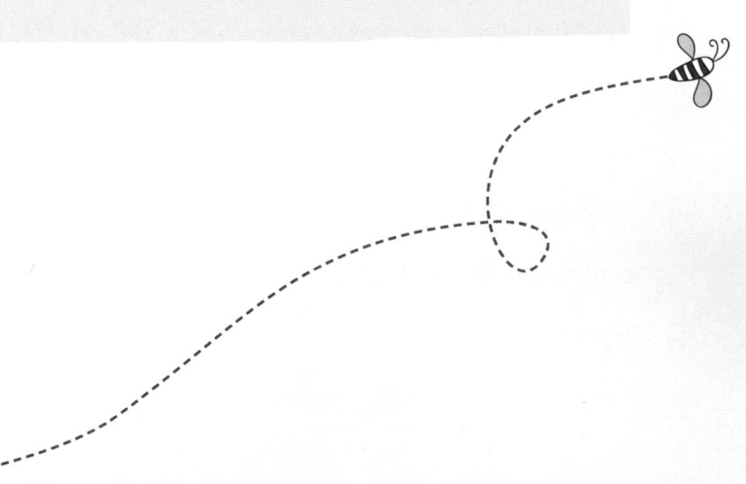

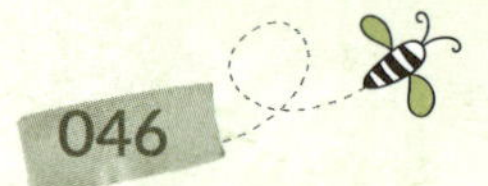

046

성공을 위한 시간 관리법

지혜로운 사람은 시간을 잘 활용하지요.

미국의 인생 칼럼니스트 앤 랜더스는 이런 말을 했습니다.

"생각하는 시간을 가지십시오. 사고는 힘의 근원이 됩니다. 노는 시간을 가지십시오. 놀이는 변함없는 젊음의 비결입니다. 책 읽는 시간을 가지십시오. 독서는 지혜의 원천이 됩니다. 사랑하는 시간을 가지십시오. 삶을 가치 있게 만들어 줍니다. 우정을 나누는 시간을 가지십시오. 생활에 향기를 더해 줍니다. 웃는 시간을 가지십시오. 웃음은 영혼의 음악입니다. 나누는 시간을 가지십시오. 주는 일은 삶을 윤택하게 합니다. 가족과 함께 있는 시간을 가지십시오. 삶에 활력을 줄 것입니다."

그의 말이 조금은 와 닿나요? 여러분도 지혜롭게 시간 활용을 하는 현명한 사람이 되길 바랍니다.

- 계획이란 미래에 관한 현재의 결정이다.   —피터 드러커

- 짧은 인생은 시간낭비에 의해 더욱 짧아진다.   —사무엘 존슨

- 시간을 잘 활용하라. 시간이 지나면 저절로 해결될 것이라고 생각해서는 안 된다.   —존 F. 케네디

- 당신은 지체할 수도 있지만 시간은 그러지 않을 것이다.   —벤저민 프랭클린

- 내일 죽을 것처럼 오늘을 살고 영원히 살 것처럼 내일을 꿈꾸어라.   —체 게바라

- 승자는 시간을 관리하고 살고 패자는 시간에 끌려 산다.   —J. 하비스

- 지금이야말로 일할 때다. 지금이야말로 싸울 때다. 지금이야말로 자신을 더 훌륭한 사람으로 만들 때다. 오늘 그것을 못하면 내일 그것을 할 수 있는가.   —토마스 아 켐피스

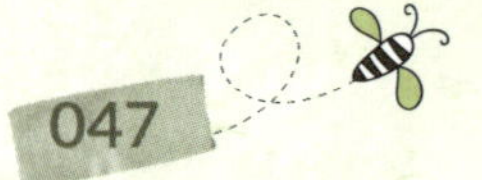

047

하루 24시간 2배 활용법

하루가 24시간인 게 부족하다고 하는 분들을 보면 남은 시간을 나눠주고 싶을 만큼 바쁘게 살고 있는데요. 하루의 시간은 정해져 있는 게 사실이고, 이 시간의 양을 늘릴 수 없을 때는 좀 더 효율적으로 활용해야 합니다. 물론 실제 시간이 늘어나는 것은 아니지만 적어도 체감 시간이 늘어날 테고, 그러다 보면 조금이라도 마음의 여유가 생겨 잠깐이라도 숨 돌릴 시간이 있을 것입니다. 단, 어떤 일을 하려거든 강박적으로 하면 또 다른 낭비가 된다는 점 잊지 마세요.

- 그날의 기분을 중요시한다.
- 아침 일찍 일어난다.
- 취침시간에 관계없이 일어나는 시간을 일정하게 한다.
- 아침 일찍 일어나기 힘들다면 차 한 잔 마시는 습관으로 시작한다.
- 일어나서 맨 처음 할 일은 찬물로 세수하는 일이다.

- 허둥대는 아침이 아닌 5분 명상으로 아침을 시작한다.

- 다음날의 계획은 전날 밤에 세운다.

- 다음날 입을 옷은 미리 챙겨둔다.

- 자정 전에 무조건 잘 수 있도록 노력한다.

- 머리를 베개에 묻는 순간 모든 것을 잊어라.

- 잠 안 오는 밤에 취할 수 있는 가장 좋은 방법은 독서다.

- 일에 있어서나 사람에 있어서나 범위를 좁혀 선별하되 정해진 것에 집중 투자한다.

- 10분의 낮잠은 밤잠 한 시간의 차이가 있다.

- 필요한 일과 필요치 않는 일을 구분한다.

- 통근시간이 매우 생산적인 시간이 될 수 있음을 명심한다.

- 여유 있는 계획을 세운다.

- 모든 일에는 데드라인이 있다.

- 모든 일에는 때가 있다.

- 모든 계획은 시작 시간과 끝 시간을 명시한다.

- 항상 최상의 선택으로 시간을 낭비하지 않는다.

-아놀드 베네트, 〈아침의 차 한 잔이 인생을 결정한다〉 중에서

048

인생을 좌우하는 자투리 시간 공략법

"당신 앞으로 매일 1,440만 원씩 저축해 드리겠습니다. 단, 1분이 지날 때마다 1만 원씩 사라집니다. 다른 조건은 없습니다. 유익하게 쓰세요."

어느 날 당신에게 이런 제안이 온다면 그 돈을 어떤 곳에 사용하겠습니까? 우리는 모두 공평하게 매일 1,440분이라는 시간을 갖고 살고 있습니다. 하지만 어떤 사람은 주어진 1,440분으로 CEO가 되고, 어떤 사람은 계속 사원으로 살아가지요. 이처럼 시간을 활용하는 건 사람의 몫이며, 시간 관리를 잘하는 사람의 대표적인 특징은 자투리 시간을 잘 관리하는 것입니다.

• 타이머로 5분을 재 보자

학창 시절 쉬는 시간이 기억하나요? 10분 동안 참 많은 것을 했지요. 운동장 건너편 매점까지 뛰어가 라면 먹고, 친구랑 수다 떨고, 오는 길에 옆 반 친구에게 교과서를 빌린 뒤, 화장실까지 들렀다 왔습니다. 그렇게 생각하면 5분은 결코 짧은 시간이 아닙니다. 하지만 대부분 별 생각 없이 시간을 낭비합니다. 5분이라는 시간의 가치를 잘 모르기 때문이죠. 당장 5분간 타이머를 맞춘 뒤 아무것도 하지 않고 기다려 봅시다. 너무나 지루하고 길게 느껴질 것입니다. 5분은 그만큼 긴 시간입니다.

• 자투리 시간을 기록하자

언제 자투리 시간이 생기는지 아십니까? 어느 정도의 시간이 나는지도 함께 적어 봅시다. 가령 출퇴근 시간 지하철에서 30분, 출근 후 10분, 약속 시간에 친구가 늦을 때 기다리는 15분 정도 등 생각나는 대로 적어 보기만 해도 다음에 그 상황이 됐을 때 '자투리 시간이 생겼구나'하는 인식과 함께 시간을 가치 있게 활용할 수 있게 됩니다.

• 자투리 시간에 할 일 목록을 적자

시간을 잘 활용하는 사람에게는 자투리 시간용 할 일 목록이 따로 있습니다. 필자는 지하철 문이 열리면 계단을 오르면서 목적지에 도착할 때까지 약 5분간 소중한 사람에게 전화를 합니다. 5분씩 두 번, 하루에 10분만 투자해도 한 달이면 60명의 지인에게 안부 전화를 할 수 있는 셈이죠. 자투리 시간을 이처럼 가치 있게 만들어 주는 할 일 목록을 적어 봅시다. 이렇게 하면 좋은 글, 좋은 사진, 좋은 음악, 좋은 사람으로 충전할 수 있는 시간을 만들 수 있습니다.

• 가족에게 5분을 투자하라

회사에서 생기는 5분은 그냥 버리면서 집에 와서는 피곤하다는 이유로 아이와 5분도 대화하지 않는 사람이 의외로 많습니다. 집에 와서 옷을 갈아입는 5분만이라도 아이들과 얘기를 나눠 보세요. 잠들기 전 아내 혹은 남편과 5분만 눈을 맞대고 사랑한다고 속삭여 보세요. 출근 전 엘리베이터를 기다리면서 5분만 부모님께 전화해 보세요. 5분은 가족이 마음을 나누기에 충분한 시간입니다.

-윤선현, 〈하루 15분 정리의 힘〉 중에서

자신에게 약속하는 8가지 맹세

사랑하는 사람과 결혼을 할 때 사랑의 맹세를 하지요. 때론 무언가를 염원하거나 자신의 신념을 굳히고 싶을 때도 맹세를 합니다. 사랑, 염원, 신념. 이들만큼이나 중요한 것이 바로 시간인데요. 내가 시간을 이끌어 가기에 앞서 맹세를 해 보는 것은 어떨까요? 잠시나마 시간의 맹세를 통해 내 삶을 사랑하고, 염원하고, 믿을 수 있도록 해 보세요.

- 시간은 내게 가장 소중한 자산입니다. 따라서 1분 1초를 아껴서 더 나은 방향으로 스스로를 계발하는 데 전력하겠습니다.

- 앞으로 나는 나태한 생각으로 시간을 조금이라도 낭비하는 것을 죄악이라 생각하겠습니다. 또한 낭비한 시간만큼 미래의 시간을 알뜰하게 사용해서 그 잘못을 보상하겠습니다.

- 뿌린 대로 거둔다는 진리를 가슴에 깊이 새기고, 나 자신만이 아니라 다른 사람들에게도 혜택을 줄 수 있는 씨앗만을 뿌리겠습니다.

- 앞으로 나는 시간을 알뜰하게 사용해서 매일 마음의 평화를 얻도록 하겠습니다.

- 내 삶에 영향을 미치는 모든 상황이 내가 생각하는 자세에 따라 달라질 수 있다는 것을 알고 있습니다. 따라서 내가 원하는 상황에 정신을 집중할 것입니다.

- 이 땅에서 내게 할당된 시간이 유한하다는 것을 알고 있습니다. 따라서 주어진 시간을 가능한 모든 방법으로 유용하게 사용하겠다고 맹세합니다.

- 마지막으로 내게 할당된 시간이 끝나더라도 내 이름이 담긴 기념물을 이 세상에 남기고 싶습니다. 돌로 만든 기념물이 아니라 뭇 사람들의 가슴에 새겨진 기념물, 내가 걸어온 길 때문에 이 세상이 조금이라도 나아졌다는 사실을 증명해 줄 기념물을 남기고 싶습니다.

• 앞으로 죽는 날까지 이 맹세를 매일 반복해서 암송하겠습니다.
  이 맹세가 내 성격을 개선해 줄 것이고, 내가 영향을 미칠 수 있
  는 사람들에게 용기를 주어 그들의 삶까지 개선해 줄 것이라고
  믿기 때문입니다.

−나폴레온 힐, 〈당신 안의 기적을 깨워라〉 중에서

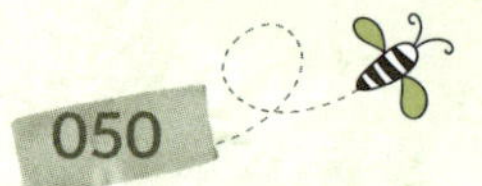

눈여겨봐야 할 시간 관리 전략

시간은 언제나 상대적이죠. 누구에게는 지금의 1분이 10분 같을 수도 있고, 또 다른 누구에게는 지금의 10분이 1초보다도 빠르게 지나갈 수도 있습니다.

이것은 내가 다른 사람과 달라서만 일어나는 일도 아닙니다. 어제의 나에게 24시간은 너무나도 짧은 시간이었지만, 오늘의 하루는 30시간처럼 더디게 느껴질 수도 있어요. 그렇다면 이렇게 상대적으로 다르게 느껴지는 시간을 어떻게 하면 절대적인 시간으로 사용할 수 있을까요?

지금부터 제시되는 시간 관리 전략을 살펴 보고 전략적으로 시간을 이용해 보세요.

- 중요한 소수에 집중한다: 수익이 오르는 20%의 일에 80%의 에너지를 집중한다.

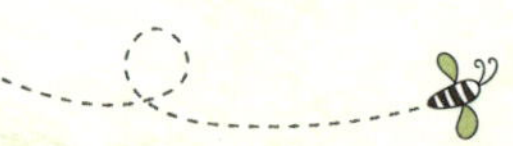

- 되돌고 뒤로 미룬다: 이메일, 휴대전화 회신을 자기 기준에 맞추면 매일같이 부담이 되던 업무량을 줄일 수 있다.
- 자신의 노력에 적절한 포상을 내린다: 목표를 달성할 때마다 자신에게 포상을 준다.

- 싫어하는 일부터 먼저 처리한다: 정해진 시간에 정해진 목표량을 한꺼번에 처리한다.
- 날마다 일정한 시간을 정해 놓고 계획에 몰두한다(장소의 힘을 이용한다): 일정한 장소와 일정한 시간을 정해 놓고 날마다 계획을 세운다.
- 머리와 몸을 움직인다: 정기적인 운동습관을 갖는다.

- 동시 처리 능력을 익힌다(동시적 활동): 무언가 하는 시간에 다른 일도 동시에 하는 습관을 들인다.
- 복수의 수입원을 만들어 구체적인 목표 설정을 한다: 3가지 캐시포인트(수익이 들어오는 창구)를 만든다.
- 자신과의 약속을 우선한다: 자신의 계획대로 자신에게 약속을 지킨다.

- 하루 30분씩 반성하는 시간을 갖는다: 노트에 그날의 반성, 교훈, 아이디어 등을 적는다.

- 시간을 돈으로 환산한다(시간은 곧 돈이다): 자신의 시간당 급여 목표를 정해 놓는다.
- 균형을 중요하게 여긴다(사명감에 얽매이지 않는다): 개인, 가정, 일에 균형을 의식한다.

- 날마다 도전한다: 오늘은 이 일을 꼭 처리한다.
- 위임한다: 자기가 할 일 중 몇 가지를 남에게 위임한다.
- 시스템화와 규칙화를 도모한다: 규칙화는 불필요한 시간낭비를 줄이기 위해, 시스템화는 위임을 위해 필요하다.

- 장기적인 꿈을 이루기 위해 하루 1시간씩 구체적으로 행동하는 시간을 갖는다: 자신이 좋아하는 일에 하루 80%를 집중한다.
- 일정한 날짜에 '계획의 날'을 적는다: 방해받지 않는 환경에서 계획에만 전념하라.

–도코 다케히사, 〈가속성공〉 중에서

미래를 만들어 가는 길

독일 시인 F. 실러에 따르면 시간의 걸음걸이에는 세 가지가 있다고 합니다. 미래는 주저하면서 다가오고, 현재는 화살처럼 날아가고, 과거는 영원히 정지하지요. 주저하다가는 아무런 준비 없이 내일을 맞이할 수밖에 없고, 잠시 다른 생각만 해도 지금은 쏜살같이 사라지며, 이렇게 쏜살같이 지나간 지금은 영원히 멈춰버린 과거가 되어 버리는 것입니다.

그렇다고 지나간 시간까지 되돌릴 필요는 없습니다. 이제라도 내디디게 되는 한걸음이 헛된 발걸음이 되지 않도록 하면 되겠지요. 그것이 이제부터는 당신의 시간을 이끌어가는 비결이 될 것입니다.

- 한창 때는 다시 오지 않고, 하루가 지나면 그 새벽은 다시 오지 않는다. 때가 되면 마땅히 스스로 공부에 힘써야 하며 세월은 사람을 기다리지 않는다.

  −도연명

• 지나가는 시간이란 잃어버린 시간이며, 게으름과 무기력한 시
  간이며, 몇 번이고 맹세를 해도 지키지 못하는 시간이며, 때때
  로 이사를 하고 끊임없이 돈을 구하는 데 분주한 시간이다.

-장 폴 샤르트르

• 하루의 가장 달콤한 순간은 새벽에 있다.   -윌콕스

• 하루하루를 우리의 마지막 날인 듯이 보내야 한다.

-푸블릴리우스 시루스

• 한가한 때 헛되이 세월을 보내지 않으면 다음날 바쁠 때 쓰임이
  있게 되고, 고요한 때에도 쉼이 없다면 다음날 활동할 때 도움
  이 되느니라. 남이 안 보는 곳에서도 속이거나 숨기지 않으면 여
  럿이 있는 곳에 나갔을 때 떳떳이 행동할 수 있느니라.

-채근담

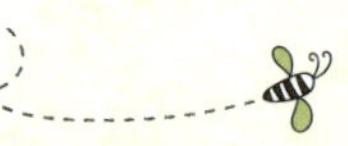

인생 전체를 바꾸는 10분의 마법

10분을 초로 환산하면 600초입니다. 10은 왠지 순식간에 지나가버릴 숫자인 것 같지만 600은 어마어마하게 한참인 듯 느껴지지요. 그리고 같은 시간이지만 '600'이라는 숫자를 보면 시간이 더 아깝게 느껴지기도 하고요.

사실 이 10분은 어떤 일도 할 수 있고, 어떤 결과도 얻을 수 있는 충분히 긴 시간입니다. 더불어 이 10분이 훗날 내 인생의 전체를 바꿀 수도 있지요.

당신의 10분은 어떻게 흘러가고 있나요? 어영부영 게임을 하면서? 주저하면서? 아니면 정보 하나라도 더 얻으려 노력하면서? 그 어떤 10분을 보내든 이제부터는 조금 더 색다르게 사용해 보기 바랍니다. 미래의 인생을 바꾸고 싶다면요.

- 아침에 10분만 일찍 일어나십시오.

  → 하루가 내 손 안에 들어옵니다.

- 10분만 더 잘 씹어 드십시오.

  → 만병이 떨어져 나갈 것입니다.

- 10분만 먼저 출근하십시오.

  → 업무와 인간관계의 스트레스가 확 날아갑니다.

- 10분만 먼저 약속장소에 나타나십시오.

  → 주도적 능동적 관계를 맺게 됩니다.

- 10분만 화를 가라앉히고 생각한 후 말하십시오.

  → 다툼이 더 좋은 사귐으로 바뀔 수 있습니다.

- 10분만 하루를 돌아다보고 잠자리에 드십시오.

  → 오늘의 기쁨과 보람이 내일로 이어지며, 오늘의 실수가 내일
    되풀이 되지 않게 됩니다.

- 10분만 사랑과 감사의 메시지를 보내는 데 쓰십시오.

  → 사랑과 감사의 삶이 펼쳐지게 됩니다.

가치 있는 당신을 만나는 순간

- 10분만 더 걸으십시오.

  → 건강이 찾아옵니다.

- 10분만 잡담과 불필요한 인터넷과 전화를 줄이십시오.

  → 하루가 여유로운 중에 집중될 것입니다.

- 지금보다 10분만 더 웃으십시오.

  → 여러분의 삶이 더 행복해 질 것입니다.

–이민홍, 〈좋은 글 대사전〉 중에서

오늘 하루를 마지막인 것처럼

스티브 잡스는 스탠포드 대학 졸업 축사에서 이런 말을 했습니다.

"제가 열일곱 살 때 다음과 같은 글을 읽었습니다. '하루하루를 인생의 마지막 날처럼 살아간다면 당신은 분명 자신이 올바르게 살았음을 알게 될 것입니다.' 제게는 너무나 감동적인 말이었고 이후로 33년을 살아오는 동안 저는 매일 아침 거울을 보면서 나 자신에게 물었습니다. '오늘이 내 인생의 마지막 날이라면, 내가 오늘 하려는 일을 할 것인가?' 이 질문에 '아니오!'라고 대답하게 된다면 저는 무엇인가 바꿔야 할 필요가 있음을 알게 되었습니다."

만약 오늘이 당신 인생의 마지막 날이라면, 하루 24시간을 어떻게 보내실 건가요? 오늘 하려는 일을 실천할 것인가요? 자신에게 질문해 보세요. 아마도 '그렇다'고 대답할 수 있는 사람은 얼마 없겠지요. '단 하루'일지라도 시간은 귀중한 자원입니다. 오늘 하루를 마지막인 것처럼, 당신에게 다가오는 모든 순간을 소중히 여기기 바랍니다.

• 시간을 서툴게 쓰는 자가 우선 그것이 짧다고 불평을 말한다.

-라브류이엘

• 때가 오면 모든 것이 분명해진다. 시간은 진리의 아버지이다.

-타블레

• 시간은 인간이 소비하는 가장 가치 있는 것이다.

-테오프라스토스

• 시간을 선택하는 것은 시간을 절약하는 것이다. -F. 베이컨

• 제일 많이 바쁜 사람이 제일 많은 시간을 가진다. -비네

• 각자에게 있어서 하루하루가 재미있고, 즐겁고, 참만족을 얻은 날로 기억되지 않는다면 그날은 잃어버린 것이다.

-드와이트 D. 아인하우러

• 내일의 운명은 당신이 아무리 현명하다 할지라도 말하거나 추측할 수 없는 것. 그러므로 오늘을 헛되이 보내지 말라. 그 날은 다시 올 수 없으니. -오마 카이얌

- 바쁘게 지내는 것만큼 쉬운 것은 없다. 그러나 효율적으로 지내기는 너무나도 어렵다.   　　　　　　　　　　　　　－R. 알렉 매킨지

- 시간이 가장 기본이다. 이것을 관리하지 않으면, 다른 아무 것도 관리할 수 없기 때문이다.   　　　　　　　　　－피터 드러커

- 인간은 항상 시간이 모자라다 불평을 하면서 마치 시간이 무한정 있는 것처럼 행동한다.   　　　　　　　　　　　　－세네카

- 매일 밤 자정이 되면 '오늘'이란 시간이 깨끗한 상태로 다가온다. 언제나 더 이상 완벽할 수 없는 모습으로 말이다.   　　　－존 웨인

- 시간은 지나가는 사건들로 이루어진 강과 같은데, 그 물살이 제법 세다. 그래서 어떤 것이 시야에 들어오기가 무섭게 휩쓸려 가버리고 다른 것이 그 자리를 대신했다가, 이것 역시 휩쓸려 가버린다.   　　　　　　　　　　　　－마르쿠스 아우렐리우스

■ 빌 게이츠가 시간 관리의 달인이 되기까지

빌 게이츠는 시애틀의 유능한 변호사 아버지와 금융 기업 임원이었던 어머니 사이에서 어릴 적부터 남다른 시간 관리 방법을 배우며 자랐다고 합니다. 예를 들어 숙제, 악기 연주 등 그날 해야 하는 일은 반드시 그날 다 끝냈는데요. 또 그의 어머니는 요일별로 다른 색의 옷을 입히며 규칙적인 식사를 하도록 가르쳤다고 해요. 그리고 모든 일을 계획적으로 실행해 시간 낭비를 최소화하는 습관을 들이도록 했습니다. 그리고 청년이 된 그는 1년에 두 차례 짐을 꾸려 인적 없는 곳에 가서 2주 동안 생각을 했다고 합니다. 이 시간에는 외부 접촉을 일절 피하고 앞으로의 계획을 세우며 그동안의 일을 정리하죠. 이런 그의 시간 관리법이 세계 최고 부자, 존경받는 기업인, 컴퓨터의 황제 등 많은 수식어가 붙는 지금의 그를 만든 것입니다.

세월에 시간을 빼앗기지 않기 위한 나만의 방법을 생각해 보세요.

■ 리처드 브랜슨 성공 인생 계획표

영국 버진 그룹의 최고 경영자 리처드 브랜슨은 버려지는 시간을 아끼기 위해 항상 메모를 했다고 합니다. 그런 그에게는 몇 가지 메모 철학이 있었지요. 첫째, 미루지 말고 떠오르는 그 즉시 메모하기. 그는 떠오른 생각을 바로 옮기지 않는 순간 계획이 모두 흐트러질 수 있다고 생각했기 때문에 언제나 생각이 떠오른 그 자리에서 메모를 했다고 해요. 둘째, 메모는 낙서하듯이 자유롭게 하되, 메모 내용을 반드시 복습하기. 셋째, 하루 한 개 이상의 아이디어 메모하기. 그는 메모 형식에 규칙은 두지 않았지만 하루 한 번 메모를 하는 행동에는 규칙을 두었습니다. 게다가 그는 새벽 3시까지 술을 마시더라도 아이디어가 떠오르면 항상 가지고 다니는 수첩에 메모를 했답니다. 그의 이러한 습관은 사업의 중요한 밑천이 되어 그의 인생 계획표를 성공으로 이끌었습니다.

여러분의 인생 시계입니다. 당신의 삶은 지금 몇 시쯤 와 있나요?
앞으로의 계획을 채워 넣어 주세요!

ex) 23세라면 오전 8시 30분(정도가 되겠지요?)

　-해외여행 가기, 아르바이트 해 보기

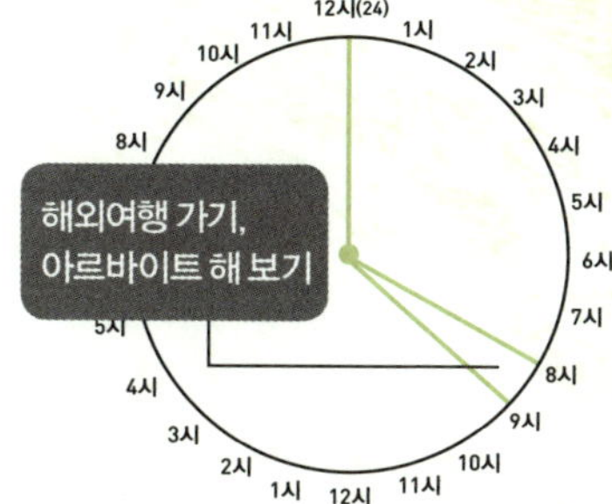

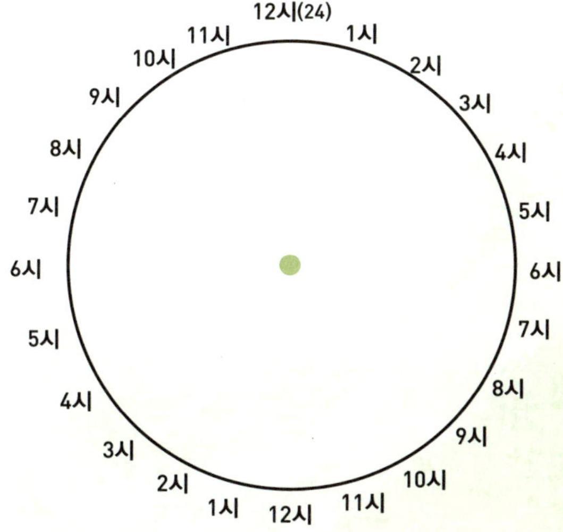

미국의 대표적인 생활용품 제조업체 P&G의 회장 A.G. 래플리는 휴식 시간 또한 시간 관리에 중요한 부분이라 생각했는데요. 그래서 그는 1시간 30분 동안 집중해서 일을 하면 꼭 15분 동안 휴식을 했다고 합니다. 그리고 하루 15분의 산책으로 심신을 안정시켰다고 해요. 더불어 30분의 여유가 생기는 날에는 낮잠을 자는 데 시간을 투자했다고 합니다. 이렇게 그는 휴식 시간에 명상을 하며 마음의 평정심을 유지했답니다. 또한 그는 낯선 호텔방에서 새로운 환경을 즐기며 휴식을 하기도 했는데요. 이 휴식 시간이야말로 그가 사업을 구상하는 데 있어서 없어서는 안 될 활력소였다고 합니다.

여러분의 일과 중 5분의 휴식 시간을 만들 수 있는 방법 세 가지와 그 시간에 할 일 3가지를 각각 적어 보세요.

휴식 시간을 만들 수 있는 방법

1 --

2 --

3 --

휴식 시간에 할 일

1 --

2 --

3 --

성공에 다가서고 싶은 그대에게

두 눈을 감아도 통 잠은 안 오고

가슴은 아프도록 답답할 때

난 왜 안 되지 왜 난 안 되지 되뇌었지

말하는 대로 말하는 대로

될 수 있다곤 믿지 않았지

믿을 수 없었지

마음먹은 대로 생각한 대로

할 수 있단 건 거짓말 같았지

고개를 저었지

그러던 어느 날 내 맘에 찾아온

작지만 놀라운 깨달음이

내일 뭘 할지 내일 뭘 할지 꿈꾸게 했지

♬ 처진 달팽이, 「말하는 대로」

당신에게도 깊은 고민에 빠져 잠 못 이루는 밤이 있지 않나요? 지끈거리는 머리를 부여잡고 뜬 눈으로 지새우는 새벽. '난 왜 안 되지?' 걱정과 근심은 꼬리에 꼬리를 물고 이어집니다. 그럴 땐 말하는 대로, 마음먹은 대로 용기를 가지고 나아가 보세요. 작지만 놀라운 이 깨달음에 상처로 물들었던 밤이 조금은 평안해질 테니까요.

#성공 #두려움 극복 #시련 #노력 #용기

054

가치 있는 당신이 열등감을 버릴 수 있는 말

열등감을 갖게 되는 이유는 자신의 가치를 잊고 다른 사람이 만들어 놓은 틀에 자신을 맞추려 하기 때문입니다. 그러다 보면 누구나 어김없이 좌절을 하게 되는데요. 가치의 기준만 잘 따져본다면 얼마든지 우리 모두가 가치 있는 사람이 될 수 있습니다.

나 자신은 이 세상에서 다른 어떤 누구와 같지 않으며, 내가 아닌 다른 누구도 될 수 없습니다. 그것은 나 아닌 남도 마찬가지이지요. 성공적인 삶을 위해 버려야 할 태도 하나, 열등감. 이 하나를 버리고 가벼운 마음으로 성공에 한 걸음 다가가 보세요.

- 당신이 자신의 시간을 가치 있게 생각하지 않으면 남들도 마찬가지일 것이다. 시간과 재능을 막 나눠주지 말고 팔아라.

—킴 가스트

- 남들이 당신에게 던진 벽돌들로 탄탄한 기반을 쌓을 수 있어야 성공한다.

  −데이비드 브링클리

- 당신이 허락해 주지 않으면 아무도 당신이 열등감을 느끼게 만들 수 없다.

  −엘리너 루스벨트

- 성공한 사람이 되려고 노력하기보다 가치 있는 사람이 되려고 노력하라.

  −앨버트 아인슈타인

- 나는 결코 나 자신을 우상이라고 생각하지 않는다. 다른 사람들의 마음속에 있는 것이 내 마음 속에는 없다. 나는 단지 내 일을 할 뿐이다.

  −오드리 햅번

- 늘 명심하라. 성공하겠다는 너 자신의 결심이 다른 어떤 것보다 중요하다는 것을.

  −에이브러햄 링컨

- 태어날 때부터 열등한 인간도 없고, 태어날 때부터 우수하고 고상한 인간도 없다. 태어난 다음 당자가 어떤 행동을 하는가에 따라 만사가 결정되는 것이다. 그러니까 인간은 스스로 자기를 열등하게 만들고 고상하게도 만든다.

  −석가모니

055

두려움에서 벗어나기 위한 선택

두려움에는 공포와 불안이 있습니다. 공포는 특정한 원인이 있는 두려움이며, 불안은 특정한 원인이 없는 막연한 두려움을 말하지요.

그런데 성공이라는 것은 이 두 가지 두려움을 모두 야기할 때가 있어요. 당장 오늘의 일이 잘 풀리지 않았기 때문에 공포를 느끼고, 자신의 미래가 막연하게 걱정되고 두려워 불안을 느끼지요. 이럴 때 무조건 모든 일에 두려움을 버리라는 것은 아무런 도움이 안 됩니다. 대신 그 두려움이 나의 성공을 위한 자극제로 작용할 수 있다는 점은 잊지 말길 바랍니다. 두려움의 상태에서 머물지, 그를 발판삼아 앞으로 나아갈지는 그대의 선택에 달렸답니다.

• 우리의 가장 큰 공포는 실패에 대한 공포가 아니라 인생에서 진정 중요하지 않은 일들에 성공하는 것에 대한 두려움이어야 한다.
　　　　　　　　　　　　　　　　　　　　　　　　　　　－프랜시스 찬

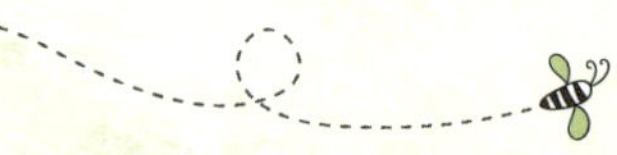

- 창조적인 삶을 살려면 내가 틀릴지도 모른다는 공포를 버려야
  한다.
  ―작자 미상

- 일반적인 것을 잃을 위험을 감수하지 않으면 평범한 것에 만족
  해야 한다.
  ―짐 론

- 신뢰의 이유는 안전하거나 확실해서가 아니라, 위험을 감수할
  용의가 있어서이다.
  ―작자 미상

- 위대한 것으로 향하기 위해 좋은 것을 포기하는 걸 두려워하지
  마라.
  ―존 록펠러

- 당신이 세상을 바꿀 수 없다고 말하는 사람에는 두 종류가 있
  다. 시도하기를 두려워하는 사람들, 당신이 성공할까 봐 두려워
  하는 사람들.
  ―레이 고포스

- 용기는 공포에 대한 저항, 공포의 지배이지 공포의 부재가 아
  니다.
  ―마크 트웨인

- 패배의 공포가 승리의 짜릿함보다 커지게 하지 마라.
  ―로버트 키요사키

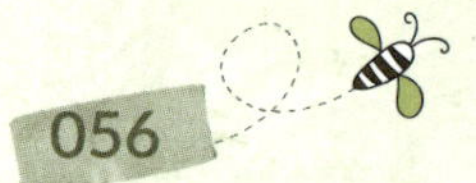

056

시련이 좌절이 되지 않도록 하는 말

역사에 기록된 모든 나라들은 공통점이 있어요. 모두 흥망성쇠(興亡盛衰)의 길을 걸었다는 점입니다. 이는 비단 국가만의 이야기가 아닙니다. '나'라는 사람 또한 일생을 살면서 흥하는 날이 있는 반면, 쇠약해지는 날도 있는 법이지요. 그럴 때마다 좌절을 한다면 우리는 내 역사의 한 페이지도 남길 수 없어요. 내 인생에 "성공한 삶을 살았다"라는 한 줄을 남길 때까지는 조금만 더 힘을 내어 보길 바랍니다.

- 당신이 살면서 어떤 부침을 겪든 간에 생각이 당신의 기본 자산이 되어야 한다.

  —A.P.J 압둘 칼람

- 행복은 나비다. 당신이 쫓아다니면 늘 잡을 수 없는 곳에 있지만, 조용히 앉아 있으면 당신에게 내려앉을지도 모른다.

  —나다니엘 호손

- 괴로운 시련처럼 보이는 것이 뜻밖의 좋은 일일 때가 많다.

  —오스카 와일드

- 지옥을 겪고 있다면 계속 겪어 나가라. —윈스턴 처칠

- 남들이 당신에게 던진 벽돌들로 탄탄한 기반을 쌓을 수 있어야 성공한다.

  —데이비드 브링클리

- 애벌레가 세상이 끝났다고 생각하는 순간 나비로 변했다. —속담

- 장벽이 서 있는 것은 가로막기 위함이 아니라, 우리가 얼마나 간절히 원하는지 보여줄 기회를 주기 위해서이다.

  —랜드포시, 〈마지막 강의〉 중에서

- 승자는 일곱 번 쓰러져도 여덟 번 일어서고 패자는 쓰러진 일곱 번을 낱낱이 후회한다. 당신에게 그 일을 맡긴 사람은 언제나 희망을 잃지 않고 있다.

  —탈무드

- 실패를 두려워하는 이유는 그 일을 달성하기까지의 난관을 미리 생각하기 때문이다.

  —노먼 빈센트 필

057

용기가 필요한 분들에게 필요한 말

　동화 〈오즈의 마법사〉에 등장하는 겁쟁이 사자는 용기를 얻으려 긴 여행을 시작했습니다. 원하는 것을 갖기 위해 무모한 여행을 시작한 사자, 이미 그 순간 용기를 갖게 된 것은 아닐까요? 더 이상 겁쟁이 사자가 아니었습니다.

　다른 사람이 아닌 나의 성공에 다가서고 싶다면 먼저 용기를 가져보세요. 무엇을 상상하든 아무것도 하지 않고 움츠려 있을 때보다는 더 나은 미래가 찾아올 거예요.

- 내가 강해질 용기를 낼 때, 내 힘을 내 비전을 위해 사용할 때 내가 두려워하는지 여부는 점점 덜 중요해진다. ─오드리 로드

- 만족스럽게 잠자리에 들려면 매일 아침 투지를 가지고 일어나야 한다. ─조지 로리머

- 인간은 자신이 원하는 만큼 위대해질 수 있다. 자신을 믿고 용기, 투지, 헌신, 경쟁력 있는 추진력을 가진다면, 그리고 가치 있는 것들을 위한 대가로 작은 것들을 희생할 용의가 있다면 가능하다.

  −빈스 롬바디

- 기회는 일어나는 것이 아니라 만들어내는 것이다.　−크리스 그로서

- 자기가 세상을 바꿀 수 있다고 생각할 정도로 미친 사람들이 세상을 바꾼다.

  −작자 미상

- 추구할 수 있는 용기가 있다면 우리의 모든 꿈은 이뤄질 수 있다.

  −월트 디즈니

- 인생의 승리는 모두 용기에서 시작된다. 한 걸음 내딛는 용기, 좌절하지 않는 용기, 자신에게 지지 않는 용기 …. 용기만이 벽을 부술 수 있다.

  −이케다 다이사쿠

058

미래를 만드는 사람들의 믿음

"앞을 보며 점과 점을 연결할 수는 없다. 뒤돌아볼 때만 가능하다. 그러니 당신은 미래에 언젠가 점들이 연결될 거라고 믿어야 한다. 무언가를 믿어야 한다. 당신의 직감, 운명, 삶, 카르마, 뭐든지. 이 접근법은 한 번도 나를 실망시킨 적이 없고, 내 삶의 모든 것을 이뤄내게 해 주었다."

스티브 잡스가 했던 말입니다. 과거, 현재, 미래를 위해 무언가를 믿고 힘을 낸다면 성공까지 오랜 시간이 걸릴지라도 지치지 않을 거예요. 믿음이라는 것, 그것이 나를 일으키는 자양분이 될 수 있습니다.

- 동기 부여가 당신을 시작하게 한다. 습관이 당신을 계속 움직이게 한다.

　　　　　　　　　　　　　　　　　　　　　　　　　　　　　　　　－짐 륜

- 애초에 처한 상황의 포로가 되기를 거부할 때 성공으로 가는 첫 발을 내딛은 것이다.　　　　　　　　　　　　　　　－마크케인

- 다음 세기를 바라보는 지금, 지도자들은 다른 사람들에게 힘을 주는 사람이 될 것이다.　　　　　　　　　　　　　　－빌 게이츠

- 당신이 눈으로 보는 것이 아니라 진짜로 발견하는 것이 무엇인가가 중요하다.　　　　　　　　　　　　　　　　　－작자 미상

- 사람들은 동기 부여는 오래가지 않는다고 말한다. 목욕도 마찬가지다. 그래서 매일 하라고 하는 것이다.　　　　　　－지그 지글러

- 당신의 문제가 아니라 당신의 반응이 문제다.　　　　　－작자 미상

- 미래를 예측하는 가장 좋은 방법은 미래를 만들어 내는 것이다.
　　　　　　　　　　　　　　　　　　　　　　　　－앨랜 케이

059

걸림돌을 디딤돌로 만드는 방법

장애물을 만났다고 무조건 넘을 필요는 없습니다. 하지만 그 장애물로 인해 포기를 하거나 좌절을 하는 일은 없어야 하지요. 그리고 별 것 아닌 일에 지레 겁먹을 필요도 없어요. 상황을 받아들이고 자신이 가진 모든 능력을 발휘해 본다면 어느새 성공에 한걸음 다가가 있을 테니까요.

• 성취의 크기는 목표를 이루기 위해 당신이 극복해야 했던 장애물의 크기로 잰다.

―부커 T. 워싱턴

• 장애물을 만나면 이렇게 생각하라. "내가 너무 일찍 포기하는 것이 아닌가?" 실패한 사람들이 '현명하게' 포기할 때, 성공한 사람들은 '미련하게' 참는다.

―마크 피셔

• 약자는 장애물을 걸림돌이라고 하고, 강자는 장애물을 디딤돌
이라고 한다.
　　　　　　　　　　　　　　　　　　　　　　　－토마스 칼라일

• 장애물을 만났다고 반드시 멈춰야 하는 것은 아니다. 벽에 부딪
힌다면 돌아서서 포기하지 말라. 어떻게 벽에 오를지, 벽을 뚫고
나갈 수 있을지 또는 돌아갈 방법은 없는지 생각하라.
　　　　　　　　　　　　　　　　　　　　　　　－마이클 조던

• 장벽이 있는 것은 다 이유가 있기 때문이다. 우리를 내몰려고
장벽이 있는 것이 아니다. 장벽은 우리가 무엇인가를 얼마나 절
실히 원하는지 깨달을 수 있도록 기회를 제공하는 것이다.
　　　　　　　　　　　　　　　－랜디 포시, 〈마지막 강의〉 중에서

• 그대의 인생길은 당연히 비포장도로처럼 울퉁불퉁할 수밖에
없다. 그리고 수많은 장애물을 만날 수밖에 없다. 그러나 두려
워하지 말라. …… 모든 성공은 언제나 장애물 뒤에서 그대가
오기를 기다리고 있다.
　　　　　　　　　　　　　　　　　　　　　　　－작가 이외수

• 장애란 뛰어 넘으라고 있는 것이지 걸려 엎어지라고 있는 것이
아니다.
　　　　　　　　　　　　　　　　　　　　　　　－정주영 회장

060

실패에도 굴하지 않을 수 있는 명언

실패한 사람에게 무조건 다시 힘을 내보라고 하는 응원은 사실 현실적으로 큰 도움이 안 될 수 있습니다. 하지만 이것 하나는 분명합니다. 실패를 했다고 해서 자신을 놓아버리고 도전의 의지를 잊으면 안 된다는 것이죠.

힘이 들 땐 억지로 힘을 내려고 할 필요는 없어요. 가끔 힘도 빼고 살 수도 있는 거니까요. 대신 성공을 향하는 의지는 놓지 않기로 해요. 그대는 실패 따위와는 비교도 안 될 만큼 귀한 사람입니다.

• 모방해서 성공하는 것보다 독창적으로 실패하는 게 더 낫다.

−허먼 멜빌

• 실패는 성공을 맛내는 양념이다.

−트루먼 카포티

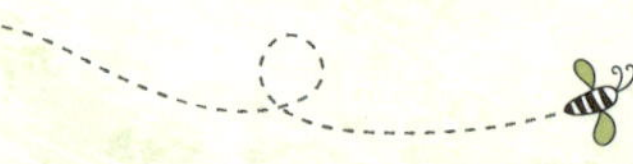

- 실패에서부터 성공을 만들어 내라. 좌절과 실패는 성공으로 가는 가장 확실한 디딤돌이다. −데일 카네기

- 사람들이 인생에서 실패하는 가장 큰 이유는 친구, 가족, 이웃들의 말을 듣기 때문이다. −나폴레온 힐

- 성공이란 절대 실수를 하지 않는 게 아니라 같은 실수를 두 번 하지 않는 것에 있다. −조지 버나드 쇼

- 성공한 사람에겐 모멘텀이 있다. 성공할수록 더 성공하고 싶어지고, 성공할 방법을 더 많이 찾아낸다. 마찬가지로, 실패하면 자기 충족적 예언이 될 수도 있는 하강 경향이 생긴다. −토니 로빈스

- 성공으로 가는 길과 실패로 가는 길은 거의 똑같다. −콜린 R. 데이비스

- 성공을 갈망할 때만 성공할 수 있고, 실패해도 상관없다고 생각할 때만 실패할 수 있다. −필리포스

- 나는 실패한 게 아니다. 나는 잘 되지 않는 방법 1만 가지를 발견한 것이다. −토마스 에디슨

061

운명도 계획할 수 있게 하는 말들

인생을 운에만 맡길 수 있나요? 그럴 수 없다면 반드시 계획하세요. 대부분의 사람들이 결코 목표를 이루지 못하는 이유는 그들은 목표를 정의하지 않거나, 단 한 번도 진지하게 그 목표가 믿을 수 있는 것, 이룰 수 있는 것이라고 생각해 보지 않았기 때문입니다.

승리하는 사람들은 자신이 어디로 가고 있는지, 그 과정에서 어떤 일을 할 계획인지, 그 모험을 누구와 함께 할 것인지 알고 있지요. 이처럼 주어진 운명을 운전할 수 있는 것은 바로 당신입니다.

- 소인배는 불운에 길들여지고 눌린다. 그러나 위대한 사람들은 불운 위로 올라선다.
  —워싱턴 어빙

- 단호한 마음의 굳은 결심을 막거나 통제할 수 있는 우연, 운명, 숙명이란 없다.
  —엘라 휠러 윌콕스

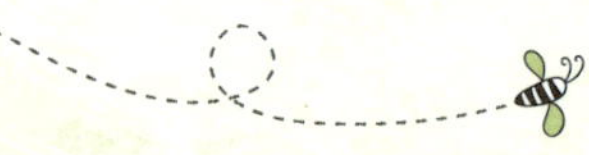

• 당신의 인생을 스스로 설계하지 않으면 다른 사람의 계획에 빠져들 가능성이 크다. 남들이 당신을 위해 계획해 놓은 것은 많지 않다.

–짐 론

• 운명이 레몬을 주었다면, 그것으로 레몬주스를 만들려고 노력하라.

–데일 카네기

• 큰 인물이 되기 위해서는 자기가 부닥치는 어떠한 운명이라도 이용하려는 각오가 없어서는 안 된다.

–라 로슈푸코

• 운명은 기회의 문제가 아니라 선택의 문제이다. 기다리는 것이 아니라 성취하면 되는 것이다.

–윌리엄 제닝스 브라이언

• 위험을 무릅쓰고 자존감을 가진 채로 당신의 운명을 대한다면, 당신을 움츠리게 할 수 있는 일은 아무것도 없습니다.

–나심 니콜라스 탈레브

간절한 소망이 성공이 되는 길

간절히 원하면 이루어진다는 말이 있지요? 하지만 무언가를 마냥 간절히 바라고만 있으면 이루어지는 일은 절대 없습니다. 대신 그 간절한 바람을 기반으로 행동을 더한다면 못 이룰 일이 없을 것이라는 얘기지요. 성공에 한 걸음 다가가고 싶다면 믿고, 계획하고, 행동하도록 하세요.

- 위대한 것을 이루려면 우리는 행동할 뿐 아니라 꿈도 꾸어야 하고, 계획할 뿐 아니라 믿기도 해야 한다.　　－아나톨 프랑스

- 모든 성취의 시작점은 갈망이다.　　－나폴레온 힐

- 당신이 정말로 뭔가를 원한다면 기다리지 마라. 견디지 못하는 법을 스스로에게 가르쳐라.　　－구르박쉬 차할

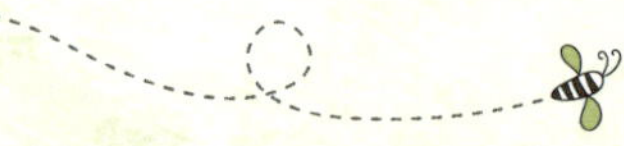

- 영속적인 변화를 이루고 싶으면 당신의 문제의 크기에 집중하지 말고 당신의 크기에 집중하라!

  —T. 하브 에커

- 성공한 사람들은 성공하지 않은 사람들이 하지 않으려는 것을 한다. 더 쉬웠으면 하고 바라지 말고 내가 더 나았으면 하고 바라라.

  —짐 론

- 내 경험으로 동기란 단 하나뿐이고, 그건 갈망이다. 어떤 판단이나 원칙도 그걸 누르거나 저항할 수 없다.

  —제인 스마일리

- 터널 끝에서 불빛이 나타나기를 기다리지 말고, 스스로 확신을 갖고 그 속으로 걸어 들어가 칠흑 같은 어둠을 밝혀보라.

  —사라 헨더슨

- 바람이 불지 않을 때 바람개비를 돌리는 방법은 내가 앞으로 달려 나가는 것이다.

  —데일 카네기

- 인간은 자신이 원하는 만큼 위대해질 수 있다. 자신을 믿고 용기, 투지, 헌신, 경쟁력 있는 추진력을 가진다면, 그리고 가치 있는 것들을 위한 대가로 작은 것들을 희생할 용의가 있다면 가능하다.

  —빈스 롬바디

■ 〈미생〉 윤태호 작가, 그를 키운 열등감

대학에 가지 못한 이유로 고등학교 동창회에 초대받지 못했던 윤태호 작가는 스물다섯 살에 만화가로 데뷔하겠다는 독한 목표를 세웠다고 합니다. 대학에 가지 못했다는 열등감이 강한 목표의식으로 승화되었고, 그 목표를 이루기 위해 정말 치열하게 그림을 그렸던 것이지요.

그리고 그는 자신이 그린 만화의 스토리가 형편없다고 느꼈을 때에도 목표를 세우고 실천해 나가며 그 상황을 직시하였다고 해요. 결국 그는 그러한 방법으로 열등감을 극복해냈다고 합니다.

나의 실천 다이어리

열등감 극복을 위해 할 수 있는 일을 적어 보세요.

■ 제니퍼 로페즈의 마법의 성공법

나의 실천 다이어리

자신감을 찾기 위한 자신만의 마법의 주문을 적어 보세요.

■ 독일 메르켈 총리의 끈기의 승리

　미국 〈타임〉지에서 선정한 세계에서 가장 영향력 있는 100인에 포함된 독일의 앙겔라 메르켈 총리는 자신이 속한 곳에서 최고가 되기 위해 노력했다고 합니다. 한때 물리학자였던 메르켈은 정치를 실험의 과정처럼 관찰하고 상황들을 분석하며, 섣불리 판단하거나 행동하지 않았습니다.

　메르켈은 남성 중심인 당을 차근차근 정복해 당수가 되기 위해 작은 발걸음으로 적절한 타이밍을 포착했습니다. 그렇게 조금씩 나아가며 다른 사람들이 눈치 채지 못한 순간 그녀는 당의 최고의 자리에 올랐답니다. 이처럼 언제나 성급하지 않게 상황을 분석하며 다음을 계획하는 것이 메르켈을 성공으로 이끈 비법이었습니다.

－하요 슈마허, 〈독일을 바꾼 기다림의 리더십〉

100일 후를 위해 실천할 수 있는 선택과 행동을 적어 보세요.

꿈을 꾸고 싶을 때에는

그래요 난 난 꿈이 있어요

그 꿈을 믿어요 나를 지켜봐요

저 차갑게 서 있는 운명이란 벽 앞에

당당히 마주칠 수 있어요

언젠가 나 그 벽을 넘고서

저 하늘을 높이 날을 수 있어요

이 무거운 세상도

나를 묶을 수 없죠 내 삶의 끝에서

나 웃을 그날을 함께해요

♬ 인순이, 「거위의 꿈」

너의 꿈은 무엇이니? 어렸을 때부터 참 많이 듣던 질문이죠. 모두 마음 한켠에 소중히 간직해온 자신만의 '꿈'이 있을 겁니다. 없어도 너무 좌절 말아요. 아주 사소한 바람도 동기부여가 될 수 있으니까요. 단어 그 자체만으로도 설레지만 가끔은 너무 아프고 막막하기도 한 '꿈'. 꿈꾸고 있을 당신에게 들려드리고 싶은 말입니다.

#꿈 #목표 #미래 #소망 #희망

063

꿈을 이룬 그들이 실천했던 행동들

막연하게 꿈을 이룬 사람들의 짧은 말 한마디를 듣거나 읽는 것이 크게 와 닿지 않는 경우가 있어요. 그들이 실제로 어떤 행동을 했는지, 또 어떤 마음가짐을 갖고 실천을 해왔는지를 아는 것이 중요하지요. 물론 이 또한 간접적인 배움이지만 그들의 경험을 구체적으로 체험해 보는 것도 앞으로의 꿈을 위한 재산이 될 수 있답니다.

- 인생의 목표를 정하기 전에 반드시 다음 네 가지를 점검해 보아야 한다.

  첫째, 자신이 정말 잘하는 것(재능)

  둘째, 정말 하고 싶은 것(열정)

  셋째, 사회가 원하는 것(수요)

  넷째, 옳다는 확신이 드는 것(양심)을 적어보는 것이 바로 그것이다.

  —션 코비 (프랭클린 코비 사 부사장)

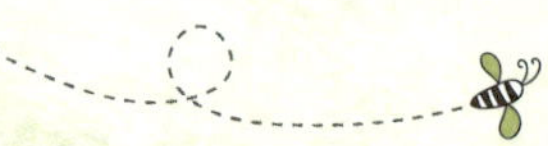

- 나는 평생 이 두 가지 원칙을 실천했다.

  첫째, 목표를 종이에 적는다.

  둘째, 하루 두 번 (기상 후, 취침 전) 종이에 쓴 목표를 큰소리로 외친다.

  그 결과 1주일에 1달러 20센트를 받던 면화공장 노동자에서 개인 재산만 4억 달러 넘게 소유한 거부로 성장하게 되었다.

  -앤드류 카네기

- 시작하기 전에 15분 동안 무엇을 할 것인지 생각하면 나중에 4시간을 절약할 수 있다.

  미리 하루의 일을 생각해서 우선순위를 정하고 하루의 업무를 조직화한 사람은 생각 없이 하루를 보내는 사람들보다 성공할 가능성이 훨씬 높다.

  그러므로 자신의 시간을 절약하고 효율을 높이기 위해 15:4의 법칙을 따라야 한다.

  -제임스 보트킨

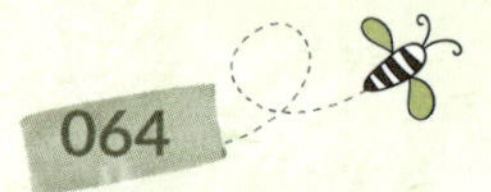

064

꿈을 현실로 만드는 7가지 법칙

현실에 나타나주길 그리고 일어나길 바라는 것이 바로 꿈이지요. 꿈이 언제나 꿈으로만 끝이 난다면 아마 꿈을 꾸는 사람들이 없을 거예요. 그렇다면 이 꿈을 어떻게 현실로 만들 수 있을까요? 다음의 7가지 법칙을 보며 'Dreams come true'가 될 수 있도록 해 보세요.

• 목표 실현의 에너지를 만들라

잠재 능력을 이끌어낼 수 있는 환경을 마련하면 인간은 무한한 가능성을 지닌 인재로 거듭납니다.

• 비상식의 혁명을 선포하라

'비상식'은 상식 밖의 상식을 제공합니다. 그 비상식의 상식을 깨달았을 때 셀프 임파워먼트가 시작되는 것이지요.

• 나답게 사는 법을 배워라

'셀프 임파워먼트(self-impowerment)'란 스스로 무한한 파워를 끌어내 자신을 활기차게 하는 일입니다.

• 고정된 항로를 이탈하라

자신을 고정된 틀 속에 가두어두면 자신을 무능하게 만들 뿐 아니라, 인생마저 한낱 휴지 조각으로 구겨버리게 됩니다.

• 자신의 한계점을 넘어라

고달픈 일상에 젖어 안주하는 사람은 평생토록 노력해도 한 평 남짓한 주검의 공간밖에는 성취할 수 없게 됩니다.

• 자신의 열정적인 팬이 되어라

세상 어디에도 자신만큼 가장 열렬한 지원자는 없습니다.

• 내 안의 틀을 일깨워라

꿈을 이루고, 목표를 달성하고, 성취하고 싶은 자화상을 만들기 위해서는 셀프 임파워먼트라는 토양에 끊임없이 노력이라는 비료를 주어야 합니다.

-이케다 히카루, 〈꿈을 실현하는 사람 꿈을 실현하지 못하는 사람〉 중에서

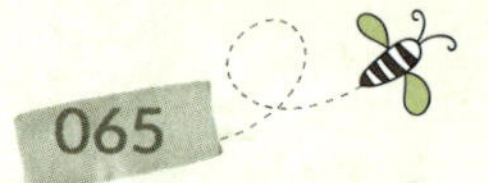

065

꿈을 꿔 본 자들의 한 마디

고기도 먹어 본 사람이 많이 먹는다는 말이 있듯이 꿈 또한 꿔 본 사람이 이룰 수 있습니다. 무슨 일이든지 늘 하던 사람이 더 잘할 수 있는 것은 당연한 일 아닐까요? 꿈을 한 번도 꿔 보지 않은 사람들은 꿈이 무엇인지, 미래가 무엇인지, 목표가 무엇인지 알 수 없어요. 만일 원하는 일이 있다면 지금부터는 주저하지 말고 꿈을 가져 보세요.

- 미래는 꿈의 아름다움을 믿는 사람들에게 주어진다.

—엘리노어 루스벨트

- 절실히 원하는 것은 이루어지게 되어 있다. 여러분의 마음속에 0순위는 반드시 이루어진다. 아직도 못 이뤄진 것은 0순위가 안 되었기 때문이다.

—게이트

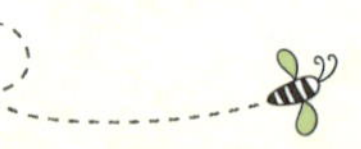

가치 있는 당신을 만나는 순간

- 우리 중 약 95%의 사람은 자신의 인생목표를 글로 기록한 적이 없다. 그러나 글로 기록한 적이 있는 5%의 사람들 중 95%가 자신의 목표를 성취했다.

  —존 맥스웰

- 목표에 정성을 쏟으면 목표도 그 사람에게 정성을 쏟는다. 계획에 정성을 쏟으면 계획도 그 사람에게 정성을 쏟는다. 무엇이든 좋은 것을 만들어내면 결국 그것이 그 사람을 만드는 법이다.

  —짐 론

- 나는 밤에 꿈을 꾸지 않는다. 나는 하루 종일 꿈을 꾼다. 나는 생계를 위해 꿈을 꾼다.

  —스티븐 스필버그

- 목표에 다가갈수록 고난은 더욱 커진다. 처음에는 깨닫지 못했던 여러 문제가 선명하게 보이는 때가 바로 목표가 현실로 다가오는 시기이다. 성취라는 것은 우리 곁으로 가까이 올수록 더 큰 고난을 숨기고 있다. 꿈을 이루는 것을 불가능하게 만드는 유일한 한 가지, 바로 실패에 대한 두려움이다.

  —파울로 코엘류

066

불편함을 잊고 꿈을 찾는 방법

원하는 것을 항상 모두 가질 수 있다면 더할 나위 없이 좋겠지만, 사람들은 언제나 선택의 기로에 서게 됩니다. 이때 소탐대실(小貪大失)하지 않으려면 충분한 고민을 통한 결정이 필요하죠. 꿈에 한 발짝 다가가기 위해 희생이 동반될 수도 있고 불편함이 나를 따르게 될 수도 있지만 떼어낼 수 없는 것이라면 꿈이라는 아량으로 안고 가는 것은 어떨까요? 피할 수 없으면 즐기라는 말처럼 말이지요.

- 성공하는 사람은 성공하지 못하는 사람들이 하기 싫어하는 일을 하는 습관을 가지고 있다. 물론 그들도 그런 일을 하고 싶지 않기는 마찬가지이다. 그러나 그들은 목적의식이라는 힘으로 그것을 극복하고 하기 싫은 일을 하고 싶은 일로 만든다.

  —앨버트 그레이

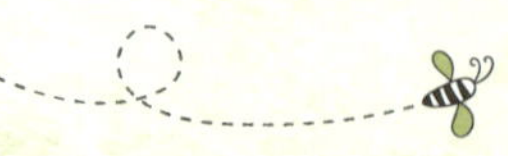

- 만약 성공을 원한다면 그만큼 자기를 희생해야 한다. 큰 성공을 바란다면 큰 희생을, 더 이상 없을 만큼 큰 성공을 원한다면 더 이상 없을 만큼 큰 희생을 치러야만 한다. —제임스 앨런

- 기꺼이 불편함을 택하라. 불편함을 편하게 생각하라. 그것이 아마 힘들지도 모르지만 그것이 꿈을 꾸며 살아가는 것에 대한 작은 대가이다. —피터 맥윌리엄스

- 사람이 꿈이나 목표를 가지면 눈앞에는 반드시 벽이 나타난다. 그 꿈을 가지지 않았더라면 벽이라고 느끼는 일 없이 살아갔을 것들이 눈앞에 나타나게 된다. 당연히 큰 꿈을 가진 사람에게는 큰 벽이 나타난다. —기타가와 야스시, 〈편지가게〉 중에서

- 사람은 동시에 두 마리의 말을 탈 수 없으므로 이쪽 말을 타기로 결정했으면 반드시 다른 한쪽의 말을 버려야 한다. 똑똑한 사람은 무엇을 하기로 결정하면 다른 일에 에너지를 분산시키지 않고 그 일에만 매진해서 좋은 결실을 맺는다.

  —알프레드 베게너(독일 기상학자)

067

목표를 이루는 8가지 법칙

꿈이 없는 사람이 있을까요? 누구에게나 꿈은 있습니다. 그러나 모든 사람이 꿈을 이루는 것은 아니지요. 여기 당신의 꿈을 이룰 수 있는 여덟 가지 법칙이 있습니다.

실패만 반복했던 사람이라면 꼭 실천해 보세요. 당신도 꿈을 이룰 수 있으니까요.

• "나도 할 수 있다"는 생각으로 새롭게 시작하라

당신에게 무궁무진한 잠재력이 있다는 것을 기억하세요. 신이 주신 잠재력의 5%만 사용해도 천재가 됩니다.

• 당신의 목표를 마음의 소원과 일치시켜라

막연한 욕망은 소원이 아닙니다. 소원을 분명하게 확인하고 총력 투구하세요.

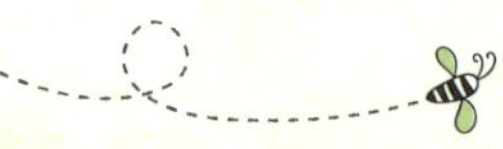

• 부정적인 생각을 버려라

"나는 안 돼", "할 수 없어", "나 같은 게…"라는 소리가 들려오거든 "이전의 나는 무능했다. 그러나 이제는 달라져 새사람이 되었다"라고 응답하세요.

• 긍정적인 말을 매일 반복하라

"나는 성장하고 있다", "나도 성공할 수 있다", "해낼 수 있고말고."라고 다짐하세요. 말은 힘과 용기를 더하는 영양소입니다.

• 대가를 지불하라

진정한 성공은 땀과 수고를 통해서만 완성됩니다. 심는 대로 거두는 법입니다.

• 어려움이 닥쳐도 낙심하거나 포기하지 말라

일곱 번 넘어져도, 여덟 번 일어선다는 용기와 신념을 가지세요.

• 모든 일에 감사하라

실패는 실패가 아니라 성공의 밑거름이라고 생각하세요.

• 큰 꿈을 가져라

꿈꾸는 데는 수고도 돈도 필요치 않습니다.

068

미래를 기대하는 5가지 방법

누구에게나 미래는 있지요. 꿈이 없다고 미래가 없는 것은 아닙니다. 하지만 꿈이 있는 미래를 기대하는 것이야말로 가슴 떨리는 일 아닐까요?

미래가 어떻게 전개될지 아무도 알 수 없지만 그 미래가 나의 꿈으로 가득 차 있다면 훗날 나를 지탱해 주는 힘이 되어 줄 것입니다.

- **가슴 뛰는 내일이 시작되는 곳**

  당신에게 어울리는 '내일'의 시작

  막연한 '꿈'이 아니라 강력한 현재적 확증을 잡아라.

  생각은 본질도 변화시킨다.

- **미리 창조하는 나의 미래**

  하루에 열다섯 번씩 '꿈의 호텔'에 체크인하라.

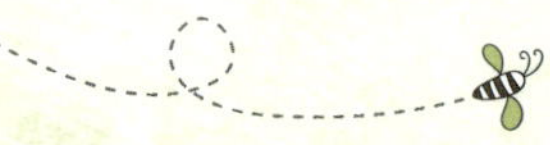

환경도, 경험도 마음속 그림에 복종한다.

영혼을 깨우는 신비한 북소리, 비전의 축복을 누려라.

- **소리쳐라, 출사표를 던져라**

  쓰면 이루어진다.

  가슴 뛰는 삶의 매니페스토, 사명선언문

  쓰면 100점이고 안 쓰면 빵점이다.

  몸으로 비전을 선포하라.

- **불태우고, 파묻고, 날려버려라**

  버리기 선수가 만들기 프로다.

  꿈이 있는 자에겐 노래가 있다, 시(詩)를 낭송하라.

- **등록하고, 설치하고, 작동시켜라**

  출발을 알리는 '신호' 시스템을 설치하라.

  같은 꿈을 꾸는 이들과 꿈들의 숲을 이뤄라.

  비전의 바이러스를 다운로드 하라.

  지금 당장 시작하라.

―강헌구, 〈가슴 뛰는 삶〉 중에서

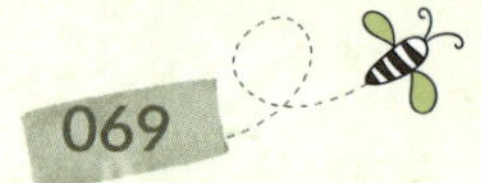

069

또 다른 나의 바람을 찾는 삶

꿈은 또 다른 당신입니다. 그 꿈에 기한이 없고 목적이 없다면 스스로를 쉽게 잃을 수도 있지요. 따라서 내가 만든 나의 꿈, 나 자신이 이 세상에 어떤 흔적을 남길 수 있는지 모험을 해 보는 것도 좋은 경험이 될 것입니다.

- 기한 없는 목표는 탁상공론이다. 기한이 없으면 일을 진행시켜 주는 에너지도 발생하지 않는다. 당신의 삶을 불발탄으로 만들지 않으려면 분명한 기한을 정하라. 기한을 정하지 않는 목표는 총알 없는 총이다.

  —브라이언 트레이시

- 당신이 할 수 있는 가장 큰 모험은 당신이 꿈꾸는 삶을 사는 것이다.

  —오프라 윈프리

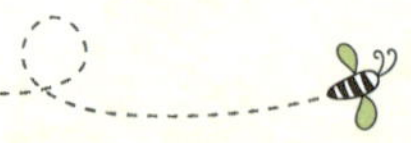

- 만약 당신이 꿈을 꿀 수 있다면, 그것을 이룰 수 있다. 언제나 기억하라. 이 모든 것들이 하나의 꿈과 한 마리의 쥐로 시작되었다는 것을...

  −월트 디즈니

- 꿈들은 우리가 누구인지를 보여주는 기준이다.

  −헨리 데이비드 소로우

- 길이 이끄는 곳을 가지 말라. 대신 길이 없는 곳을 가서 자취를 남겨라.

  −랄프 왈도 에머슨

- 꿈은 날짜와 함께 적으면 목표가 되고 목표를 잘게 나누면 계획이 되며 계획을 실행에 옮기면 꿈은 실현된다.

  −그레그 S. 레잇

- 꿈을 꾼다는 것은 내가 살아 있음에 대한 예의다. 꿈을 이룬다는 것은 지구의 한 생명체로 살다 돌아가는 것이다. 꿈은 크기보다 정성이 더 중요하다.

  −안상현

- 꿈의 세계에서 사는 사람들이 있다. 현실을 직시하는 사람들이 있다. 그리고 꿈을 현실로 바꾸는 사람들이 있다.

  −더글러스 에브렛

070

꿈을 준비하는 사람들에게 필요한 말

당신의 꿈이 한 번도 실현되지 않았다고 해서 스스로를 패배자로 생각하거나 가엾게 생각해서는 안 됩니다. 정말 가엾은 자는 한 번도 꿈을 꿔 보지 않았던 사람들이지요.

다른 사람에게 피해를 주는 일이 아니라면 당신이 할 수 있다고 생각하든 할 수 없다고 생각하든 당신의 생각은 항상 옳은 것이며, 그 꿈을 응원하는 사람이 어딘가에 꼭 있다는 점 잊지 마세요.

- 꿈이 없다면, 인생은 쓰다. 　　　　　　　　　　　—에드워드 불워 리턴

- 당신의 꿈을 하찮은 것으로 만들려는 사람들을 가까이 하지 말라. 소인배들은 언제나 그렇게 한다. 그러나 진정으로 위대한 사람들은 당신 역시 위대해질 수 있음을 느끼게 한다.　—마크 트웨인

- 꿈을 계속 간직하고 있으면 반드시 실현할 때가 온다.

  -요한 볼프강 폰 괴테

- 꿈을 지녀라. 그러면 어려운 현실을 이길 수 있다.

  -라이너 마리아 릴케

- 꿈을 품어라. 꿈이 없는 사람은 아무런 생명력도 없는 인형과 같다.

  -발타자르 그라시안

- 꿈이 실현되지 않는 원인은 그 바람이 비현실적이기 때문이 아니라, 그 바람을 실현하고자 하는 의지와 노력이 부족했기 때문이다.

  -다케우치 히토시

- 꿈도 마음도 없는 사람은 안심입명(安心立命)할 자리가 없다.

  -동산 스님

■ 닉 부이치치의 꿈을 이룬 도전

'사지 없는 복음전도자' 닉 부이치치는 태어났을 때부터 팔다리가 없었습니다. 발가락 2개가 붙어 있는 짧은 다리가 전부였죠. 그래서 그는 좌절감으로 세 번이나 자살을 시도하기도 했답니다. 그랬던 그가 지금은 세계 각국으로 강연을 다니는 행복전도사가 되었습니다.

그는 "죽을 만큼 힘들었지만 일어서려는 꿈을 포기하지 않았고 이렇게 일어설 수가 있게 되었다"고 말합니다. 팔다리가 없이 몸으로만 사는 것은 정말 쉬운 일이 아닙니다. 그럼에도 닉 부이치치는 일어서려는 꿈을 포기하지 않고 노력을 하고 있습니다.

이런 그의 앞에서 사지가 멀쩡한 우리들이 꿈을 놓는다면 그것이야 말로 부끄러운 일이지 않을까 생각합니다.

꿈에 다가서기 위해 실천해 볼 수 있는 일은 무엇이 있나요?

■ 변호사 데이비드 보이스가 결점을 이겨내고 얻은 꿈

미국의 유명한 변호사 데이비드 보이스는 어릴 때부터 시각적 난독증으로 고생을 했다고 해요. 그는 듣고 말하는 데는 별 다른 지장을 느끼지 못했지만 단어를 정확하고 유창하게 읽거나 철자를 인지하는 것이 어려웠죠.

그런 그의 꿈은 변호사였습니다. 하지만 난독증 때문에 그 꿈을 이루기가 쉽지 않았습니다. 그래서 그는 대법원의 긴 판례를 읽는 것이 어려워서 다른 사람들의 말을 기억해 두거나, 강의 내용을 집중해서 모두 외우며 자신의 결점을 보완했다고 해요. 그런데 그렇게 하다 보니 사건에 대한 이해도가 판사나 배심원들보다도 높아졌고, 보다 정확한 근거로 변호를 하여 승소율 또한 점점 높아졌다고 합니다. 어쩌면 그에게 변호사라는 직업은 그 어떤 직업을 갖는 것보다도 힘든 일이었을 거예요. 그러나 그러한 결점을 이겨낸 그는 보란 듯이 꿈을 이룰 수 있었습니다.

꿈을 위해서는 결점을 털어버리는 것이 중요합니다. 자신이 생각하는 자신의 결점을 적어 보세요.

■ 오페라 가수 폴 포츠, 꿈을 이루는 데 역경은 과정에 불과했다

일찍이 음악을 공부했지만 가정 형편이 어려웠던 폴 포츠는 프로로 데뷔할 수 없어 휴대전화 판매원으로 취직을 했습니다. 그러던 중 악성 뇌종양 진단을 받아 큰 수술을 하게 되었지요. 하지만 그의 역경은 그것이 끝이 아니었어요. 어느 날 뜻하지 않은 교통사고를 당해 쇄골까지 부상당했답니다. 악재가 계속

되어 생계를 이어가기 어려운 상황 속에서도 그는 오페라 가수의 꿈을 꾸는 지극히 평범한 사람이었습니다. 그런 그에게 2007년 기회가 찾아왔지요. 바로 영국의 오디션 TV 프로그램인 '브리튼즈 갓 탤런트'에 출연하게 된 것이랍니다. 게다가 그는 그 오디션에서 우승을 하여 순식간에 전 세계적인 스타덤에 올랐습니다. 숱한 역경 속에서 36세에 오페라 가수에 도전한 그는 그렇게 꿈을 이루었습니다.

나의 실천 다이어리

속풀이 시간입니다. 그동안 나를 괴롭혔던 일을 적어 보세요! 그리고 지우개로 깨끗이 지우고 잊어버리세요.

희망을 희망하라

내 모습이 보이지 않아 앞길도 보이지 않아

나는 아주 작은 애벌레

살이 터져 허물 벗어 한 번 두 번 다시

나는 상처 많은 번데기

추운 겨울이 다가와 힘겨울지도 몰라

봄바람이 불어오면 이제 나의 꿈을 찾아 날아

날개를 활짝 펴고 세상을 자유롭게 날거야

노래하며 춤추는 나는 아름다운 나비

날개를 활짝 펴고 세상을 자유롭게 날거야

노래하며 춤추는 나는 아름다운 나비

♬ 윤도현 밴드, 「나는 나비」

마지막으로 전하고 싶은 메시지는 '희망'이에요. 동화 '미운 오리 새끼'에서 모두에게 미움 받던 못난이 작은 새는 모진 역경을 딛고 결국 아름다운 백조가 됩니다. 상처 많은 번데기에게도 겨울이 지나면 어여쁜 나비가 되어 날아다닐 수 있는 봄이 오기 마련이죠. 어떤 고난과 시련이 닥쳐도 힘찬 날갯짓을 준비하며 희망을 품으시길 바랍니다.

#희망 #용기 #행복 #힘찬 날갯짓 #나비

행복에 이르는 12가지 길

　모든 일에 쉽고 빨리 가는 방도는 없습니다. 다만 길이 열려 있다면 그것만으로도 큰 도움이 되죠. 그러면 행복에 이르는 길은 존재할까요? 놀랍게도 이 길은 믿는 사람들에게만 보인다고 하네요.

　그럼 다시 질문 하나를 해 보겠습니다. 행복을 믿나요? 네, 그래요. 비록 지금은 행복하지 않은 삶을 산다고 해도 행복이 존재한다는 것을 믿는 분이라면 행복의 길은 언제나 열려 있으니 주위를 잘 찾아보기 바랍니다.

- 더 이상 나눌 것이 없다고 생각될 때에도 나누세요. 아무리 가난해도 마음이 있는 한 나눌 것은 있습니다. 그렇게 함으로써 내 자신이 더 풍요로워질 수 있는 것이죠. 세속적인 계산법으로는 나눠 가질수록 잔고가 줄어들 것 같지만, 출세간적인 입장에서는 나눌수록 더 풍요로워집니다.

- 행복의 비결은 필요한 것을 얼마나 갖고 있는가가 아니라, 불필요한 것에서 얼마나 자유로워져 있는가에 있습니다. 행복을 찾는 오묘한 방법은 바로 내 안에 있기 마련입니다. 인간을 제한하는 소유물에 사로잡히면 소유의 비좁은 골방에 갇혀 정신의 문이 열리지 않습니다. 작은 것과 적은 것에 만족할 줄 알아야 합니다.

- 선택한 맑은 가난은 부보다 훨씬 값지고 고귀한 것입니다. 이것은 소극적인 생활 태도가 아니라 지혜로운 삶의 선택이지요. 무소유란 아무것도 갖지 않는 것이 아니라 불필요한 것을 갖지 않는다는 뜻입니다. 무소유의 진정한 의미를 이해할 때, 우리는 보다 홀가분한 삶을 이룰 수 있게 됩니다.

- 저마다 서 있는 자리에서 자기 자신답게 살아야 합니다. 무엇이 되어야 하고 무엇을 이룰 것인가, 스스로 물으면서 자신의 삶을 만들어 가지 않으면 안 됩니다. 누가 내 삶을 만들어 주는가. 내가 내 삶을 만들어 갈 뿐입니다.

- 하나가 필요할 때는 하나만 가져야지 둘을 갖게 되면 애초의 그 하나마저도 잃게 됩니다. 인간의 목표는 풍부하게 소유하는 것이 아니고 풍성하게 존재하는 것이죠. 소유와 소비 지향적인 삶의 방식에서 존재 지향적인 생활 태도로 바뀌어야 합니다.

- 자주 버리고 떠나는 연습을 하세요. 버리고 떠난다는 것은 곧 자기답게 사는 것입니다. 낡은 탈로부터, 낡은 울타리로부터, 낡은 생각으로부터 벗어나야 새롭게 시작할 수 있는 것입니다. 날마다 새롭게 시작하세요. 묵은 수렁에서 거듭거듭 털고 일어서세요.

- 자신의 생각이 곧 자신의 운명임을 기억하세요. 밝은 마음을 지니고 긍정적이고 낙관적으로 살면, 밝은 기운이 밀려와 우리의 삶을 밝게 비춥니다. 밝은 삶과 어두운 삶은 자신의 마음이 밝은가 어두운가에 달려 있습니다. 그것이 우주의 법칙이죠.

- 오랜 세월을 앞에 두고 살아가는 대신 지금 이 순간을 사세요. 과거도 없고 미래도 없습니다. 항상 현재일 뿐이죠. 지금 이 자리에서 최선을 다해 최대한으로 살 수 있다면 여기에는 삶과 죽음의 두려움도 발붙일 수 없습니다. 지금 이 순간을 놓치지 마세요. 이런 순간들이 쌓여 한 생애를 이룹니다.

- 입에 말이 적으면 어리석음이 지혜로 바뀝니다. 말의 의미가 안에서 여물도록 침묵의 여과기에서 걸러 받을 수 있어야 합니다. 인간과 인간의 만남에서 말은 그렇게 중요하지 않습니다. 안으로 말이 여물도록 인내하지 못하기 때문에 밖으로 쏟아 내고 마는 것이죠.

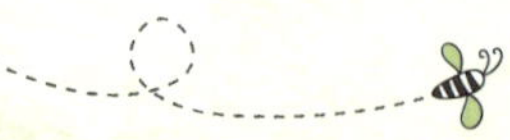

- 살 때는 삶에 철저해 그 전부를 살아야 하고, 죽을 때는 죽음에 철저해 그 전부가 죽어야 합니다. 우리는 날마다 죽으면서 다시 태어나야 합니다. 살 때는 삶에 전력을 기울여 뻐근하게 살아야 하고, 일단 삶이 다하면 미련 없이 선뜻 버리고 떠나야 합니다.

- 삶의 장비를 최대한 간소하게 갖추세요. 집, 식사, 옷차림을 단순하게 하세요. 밖에서 오는 행복도 있지만, 안에서 향기처럼, 꽃향기처럼 피어나는 것이 진정한 행복입니다. 문명의 이기에 의존하지 말고, 때로는 밤에 텔레비전도 끄고, 촛불이라도 한번 켜 보세요. 그러면 산중은 아니더라도 산중의 그윽함을 간접적으로라도 누릴 수 있습니다.

- 자신이 누구이며 어디로 가고 있는지 늘 물으세요. 단 10분이든 30분이든 허리를 바짝 펴고 벽을 보고 앉아서 나는 누구인가 물어보세요. 이렇게 스스로 묻는 물음 속에서 근원적인 삶의 뿌리 같은 것을 확인할 수 있습니다. 항상 자신의 삶이 어디로 가고 있는가를 물을 수 있어야 하지요. 인간은 늘 근원적인 물음 앞에 마주서야 합니다. 나는 어디서 왔는가. 나는 어디로 가는가. 그리고 나는 누구인가.

—법정, 〈살아 있는 것은 다 행복하라〉 중에서

072

헬렌 켈러의 희망 명언 11가지

수많은 장애가 자신을 가로막더라도 좌절하지 않고 끝까지 노력을 하겠다는 인생관을 가진 헬렌 켈러는 그의 스승인 설리번과 함께 희망을 전합니다. 기적을 이룬 헬렌 켈러와 설리번 선생의 삶을 보며 우리도 희망을 새겨볼 수 있도록 하세요.

- 행복의 한 쪽 문이 닫히면 다른 쪽 문이 열립니다. 그러나 흔히 우리는 닫힌 문을 오랫동안 보기 때문에 우리를 위해 열려 있는 문을 보지 못합니다.

- 장애는 불편합니다. 하지만 불행한 것은 아닙니다.

- 고개 숙이지 마세요. 세상을 똑바로 정면으로 바라보십시오.

- 나는 나의 역경에 대해서 하나님께 감사합니다. 왜냐하면 나는 역경 때문에 나 자신, 나의 일, 그리고 나의 하나님을 발견했기 때문입니다.

- 나는 눈과 귀와 혀를 빼앗겼지만, 내 영혼을 잃지 않았기에, 그 모든 것을 가진 것이나 마찬가지입니다.

- 세상에서 가장 아름답고 소중한 것은 보이거나 만져지지 않습니다. 단지 가슴으로만 느낄 수 있습니다.

- 인간의 성격은 편안한 생활 속에서는 발전할 수 없습니다. 시련과 고생을 통해서 인간의 정신은 단련되고 또한 어떤 일을 똑똑히 판단할 수 있는 힘이 길러지며 더욱 큰 야망을 품고 그것을 성공시킬 수 있는 것입니다.

- 희망은 인간을 성공으로 인도하는 신앙입니다. 희망이 없으면, 아무 것도 이룰 수도 없습니다.

- 희망은 볼 수 없는 것을 보고 만져질 수 없는 것을 느끼고 불가능한 것을 이룹니다.

- 맹인으로 태어나는 것보다 더 비극적인 일은 앞은 볼 수 있으나 비전이 없는 것입니다.

- 세상이 비록 고통으로 가득하더라도, 그것을 극복하는 힘도 가득합니다.

073

새싹을 틔우는 방법

일도 사랑도 뭐 하나 제대로 되는 게 없는 인생이라고, 그래서 무엇을 하든 겁부터 난다는 환자가 있었다고 합니다. 의사는 그 환자의 고민을 들어주고, 마지막에 어떤 선택을 하던 잘 헤쳐 나갈 테니 용기 내어 딱 한발만 내디녀 보라고 했습니다.

분명한 것은 계속 결정을 미룬 채 고민을 더 해 봐야 시간만 흘러간다는 것이라 판단했기 때문이죠. 우리도 마찬가지랍니다. 지금 내가 하는 것이 옳은 선택이든 아니든 이제는 결정을 내리고, 선택한 그 방향으로 한 걸음 한 걸음 나아가야 합니다. 가서 경험을 해 봐야 자신과 맞는지 안 맞는지 알 수 있기 때문이죠. 희망은 그곳에서 싹 트는 것입니다.

• 희망만이 인생을 유일하게 사랑하는 것이다.   -앙리 프레데릭 아미엘

- 두려움은 희망 없이 있을 수 없고 희망은 두려움 없이 있을 수 없다.
  –바뤼흐 스피노자

- 자신이 될 수 있는 존재가 되길 희망하는 것이 삶의 목적이다.
  –신시아 오지크

- 지속적인 긍정적 사고는 능력을 배가시킨다.   –콜린 파월

- 희망이 없는 일은 헛수고이고, 목적 없는 희망은 지속할 수 없다.
  –사무엘 테일러 콜리지

- 희망은 진실하다는 평을 결코 잃지 않는 유일한 만인 공통의 사기꾼이라고 전해지는데, 그 말은 사실일 수 있다고 나는 생각한다.
  –잉거솔

- 희망은 어둠 속에서 시작된다. 일어나 옳은 일을 하려 할 때 고집스런 희망이 시작된다. 새벽은 올 것이다. 기다리고 보고 일하라. 포기하지 말라.
  –앤 라모트

074

나를 행복하게 하는 10가지 인생 덕목

삶의 무게가 버거워지고 참기 어려운 것들이 나의 가슴을 누를 때 그래도 포기하지 말고 잠시 눈을 감고 그동안 아름다웠던 추억만 떠올리며 희망의 주문을 걸어 보세요. 희망이 있는 한 나를 짓누를 수 있는 것은 그 어떤 것도 없답니다.

• 말

말을 많이 하면 필요 없는 말이 나옵니다. 양 귀로 많이 들으며, 입은 세 번 생각하고 여세요.

• 책

수입의 1%를 책을 사는 데 투자하세요. 옷이 해어지면 입을 수 없어 버리지만, 책은 시간이 지나도 위대한 진가를 품고 있습니다.

• 노점상

할머니 등 노점상에서 물건을 살 때 깎지 마세요. 그냥 돈을 주면 나태함을 키우지만 부르는 대로 주고 사면 희망과 건강을 선물하는 것이죠.

• 웃음

웃는 연습을 생활화하세요. 웃음은 만병의 예방약이며, 치료약이며, 노인을 젊게 하고 젊은이를 동자(童子)로 만듭니다.

• TV

텔레비전과 많은 시간 동거하지 마세요. 술에 취하면 정신을 잃고 마약에 취하면 이성을 잃지만 텔레비전에 취하면 모든 게 마비된 바보가 되지요.

• 화(禍)

화내는 사람이 언제나 손해를 봅니다. 화내는 사람은 자기를 죽이고 남을 죽이며 아무도 가깝게 오지 않아서 늘 외롭고 쓸쓸해지게 됩니다.

• 기도

기도는 녹슨 쇳덩이도 녹이며 천 년 암흑 동굴의 어둠을 없애는 한

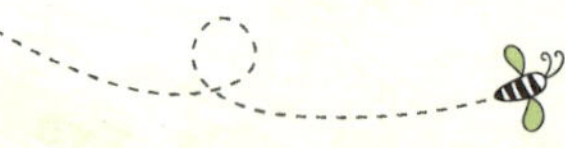

줄기 빛입니다. 주먹을 불끈 쥐기보다 두 손을 모으고 기도하는 자가 더 강한 법입니다. 기도는 자성을 찾게 하며 만생을 유익하게 하는 묘약이죠.

• 이웃

이웃과 절대로 등지지 마세요. 이웃은 나의 모습을 비추어 보는 큰 거울입니다.

• 사랑

머리와 입으로 하는 사랑에는 향기가 없습니다. 진정한 사랑은 이해·관용·포용·동화·자기낮춤이 선행되지요.

"사랑이 머리에서 가슴으로 내려오는 데 칠십 년 걸렸다"고 합니다.

• 멈춤

가끔은 칠흑 같은 어두운 방에서 자신을 바라보세요. 마음의 눈으로, 마음의 가슴으로. 주인공이 되어 "나는 누구인가, 어디서 왔나, 어디로 가나" 조급함이 사라지고 삶에 대한 여유로움이 생겨날 것입니다.

—김수환 추기경, 〈바보가 바보들에게〉 중에서

075

맑은 마음으로 세상의 아름다움 찾기

소중한 것, 행복이라는 것은 꽃 한 송이, 물 한 모금에서도 찾을 수 있는데 우리는 오직 눈으로만, 그리고 감각을 통해서만 찾으려 하기 때문에 잘 찾지 못합니다.

만일 당신이 사랑의 눈으로, 마음의 눈으로 소중한 것을 찾을 줄 알게 된다면, 작은 꽃 한 송이에서 상큼한 행복을 찾을 수 있고 물 한 모금에서 감동의 눈물을 찾을 수 있게 될 것이랍니다.

- 희망은 백일몽이다.   −아리스토텔레스

- 삶이 있는 한 희망은 있다.   −키케로

- 큰 희망이 큰 사람을 만든다.   −토마스 풀러

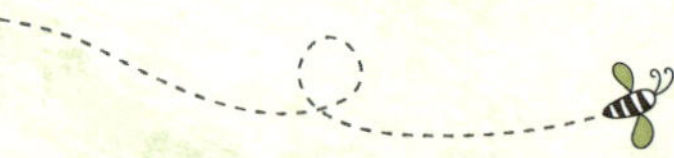

가치 있는 당신을 만나는 순간

- 희망은 어떤 상황에서도 필요하다.　　　　　　　　　　　-사무엘 존슨

- 희망을 품지 않은 자는 절망도 할 수 없다.　　　　　　-조지 버나드 쇼

- 하나의 모래알에서 세계를 보고, 한 송이 들꽃에서 천국을 보라.
　　　　　　　　　　　　　　　　　　　　　　　-윌리엄 블레이크

- 희망은 어떤 상황에서도 필요하다.　　　　　　　　　　-사무엘 존슨

- 희망이란 원래부터 있는 것이라 보기도 어렵고 없는 것이라 보
  기도 어렵다. 그것은 지상의 길과 같다. 원래 지상에는 길이 없
  다. 걷는 사람이 많아지면 길이 되는 것이다.　　　　　　-루쉰

- 만일 당신이 인생에서 성공을 원한다면 많은 것들과 친해져야
  한다. … 희망은 늘 곁에서 지켜주는 부모님처럼 친해져야 하는
  것이다.　　　　　　　　　　　　　　　　　　　　　　-J. 에디슨

복을 부르는 12가지 방법

"나는 지지리 복도 없지."

혹시 이런 한탄을 한 적이 있으신가요? 우리는 수많은 복을 바라며 살지요. 잘살기를 바라고 호의호식하기를 바라고 건강하기를 바라고 공부 잘하길 바라고 좋은 학교에 좋은 직장 얻기도 바라고 사람의 바람은 언제나 끝이 없습니다.

그러나 마음먹은 대로 된다는 말처럼 자기가 가진 마음만큼 더도 덜도 아닌 그만큼 살게 되어 있습니다. 하지만 마음에 복이 있어야 복이 있는 법입니다.

사람이 복이 없는 것은 자기 마음속에 복이 있지 않기 때문이지요. 당신은 마음에 복을 채울 준비가 되었나요?

- 희망을 말하는 사람과 만나라. 희망의 나무에 희망의 꽃이 핀다.
- 모든 것을 배타하지 말고 수용하라. 그 속에 복이 있다.
- 소모적인 감정을 버려라. 정신적인 에너지 낭비는 생명 소모의 으뜸이다.
- 언제나 밝게 웃어라. 멀리 있던 복도 나를 찾아 달려온다.

- 하는 일에 정성을 다하라. 풍요가 나의 것이다.
- 가화만사성이다. 집안이 시끄러우면 될 일도 안 된다.
- 인연처럼 값진 것도 없다. 인연을 악연으로 만들지 말라.
- 말을 적게 하라. 말이 많으면 복은 나가고 경청하면 복이 온다.

- 복은 덕을 통해 들어온다. 덕으로 공든 탑을 쌓아라.
- 작은 일도 소중히 하라. 복을 받는 데는 크고 작음이 없는 법이다.
- 하는 일에 정성을 다하라. 정성에는 기적의 열매가 들어 있다.
- 목에 힘을 주면 복이 빠져나간다. 아랫배에 힘을 줘라.

—이상헌, 〈흥하는 말씨 망하는 말투〉 중에서

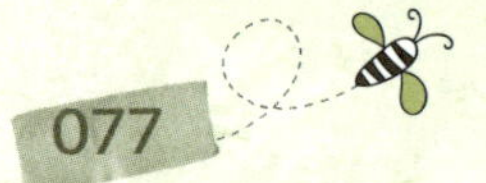

삶이 힘겨운 당신이 읽으면 좋을 명언

찰리 채플린은 "인생은 가까이서 보면 비극이지만 멀리서 보면 희극이다"라고 했습니다. 희극배우였던 채플린은 어려서부터 평탄하지 않은 삶을 살았는데요. 고아원에서 자란 그는 혹시나 부모님이 자신을 찾으러 왔을 때 자기를 알아보지 못 할까봐 같은 옷만 입고 살았다고 해요.

가까이서 본 그의 삶은 순간순간이 비극이었습니다. 하지만 어른이 된 그는 다른 사람에게 기쁨을 주는 사람이 되었답니다. 물론 희망 하나로 힘들었던 과거를 모두 잊을 수는 없지만 그는 그 어둠 속에서 빛을 만들려 했지요.

여러분은 어떤가요? 가까운 행복만을 찾으려 멀리서 다가오는 희망의 손을 놓아 버리진 않았나요? 혹시 그렇다면 이제라도 희극의 미래를 만들어 보세요.

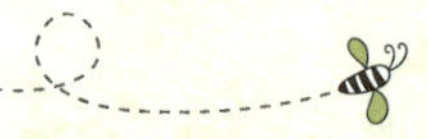

- 희망은 잠자고 있지 않는 인간의 꿈이다. 인간에게 꿈이 있는 한 이 세상은 도전해 볼 만하다. 어떠한 일이 있더라도 꿈을 잃지 마라. 꿈은 희망을 버리지 않는 사람에게 선물로 주어진다.

  —아리스토텔레스

- 승자가 즐겨 쓰는 말은 "다시 한 번 해 보자"이고, 패자가 즐겨 쓰는 말은 "해 봐야 별 수 없다"이다.

  —탈무드

- 그림자를 두려워 말라. 그림자란 빛이 어딘가 가까운 곳에서 비치고 있음을 뜻하는 것이다.

  —루스 E. 렌컬

- 우리의 문제는 인간이 만든 문제이므로 인간에 의해서 해결될 수 있다. 그리고 인간은 원하는 만큼 꿈을 펼칠 수 있다. 그러므로 인간이 벗어나지 못할 운명의 굴레는 없다.

  —존 F. 케네디

- 진정으로 웃으려면 고통을 참아야 하며 나아가 고통을 즐길 줄 알아야 한다.

  —찰리 채플린

- 지금이 제일 비참하다고 할 수 있는 동안은 아직 제일 비참한 게 아니다.

  —윌리엄 셰익스피어

■ 희망을 잃지 않았던 어느 축구선수의 이야기

축구를 너무나 좋아하는 어떤 시골 소년의 아버지는 알코올 중독자였고, 형은 마약중독자였습니다. 가난한 가족을 먹여 살리는 것은 청소부 일을 하는 어머니뿐이었지요.

빈민가 놀이터에서 혼자 흙장난을 치던 어느 날 우연히 날아온 축구공을 찬 그는 처음으로 희망이란 것을 느꼈습니다. 하지만 그때의 형편으로는 비싼 축구비용을 감당하는 것은 불가능했고, 게다가 정상인보다 두 배는 빠르게 심장이 뛰는 질병이 있었기에 운동선수를 할 수 없다는 소리를 듣게 되었습니다.

아버지와 형은 수술비용을 마련하기 위해 취직을 하였고 마침내 일 년 후 성공적으로 수술을 할 수 있었습니다. 수술 후 그는 축구를 시작했고 시간이 흘러 꿈에 그리던 그라운드에 데뷔하였습니다. 죽을 각오로 뛰고 또 뛴 그는 얼마 후 세계 최고의 구단 중 하나인 '맨체스터 유나이티드'에 스카웃되었답니다.

구멍 난 축구화에 외톨이, 심장병을 가진 소년이었던 그는 희망하나로 연봉 200억 원의 세계적인 축구선수, 크리스티아누 호날두가 되었습니다.

희망 넘치는 내일을 위한 자신의 계획을 세워보세요.

리텍콘텐츠가 발행한
마케팅·재테크·자기계발 추천도서

책 상세보기